한국교회 진단서

성서에서 이탈한 한국정통교회

조효훈 목사 저

서 문

　대한민국은 세계적으로 유명한 나라가 되었다. 약 700만 명의 우리 교포들이 육대주에서 한풍을 심고 있고, 무역과 조선업과 통신과학 면에서 우리 한국은 선두대열에 들어 있다. 이에 수반해서 한국기독교도 세계적인 수준에 올라 있다. 인구에 비해 교인 수도 많고 해외에 파송된 선교사 수도 미국에 버금간다. 세계에서 제일 큰 교회도 한국에 있다. 그러나 주시해 보면 우리 한국교회는 성서에서 많이 이탈하고 있다.

　성서에서 이탈한 교회는 병든 교회다. 그것은 마치 정상적인 생리작용에서 이탈한 것이 육신의 병인 것과 같다. 정통을 주장하는 한국개신교가 편법적으로 성서에서 이탈하는 선례를 만들었고 그 선례를 관례로, 관례를 전통으로, 전통을 정통으로 굳혀서 이런 정통에 동조하지 않는 기독교단체는 이단으로 몰고 있다. 이런 한국정통기독교의 고질적인 병은 현대적 매개체의 급류를 타고 급속도로 만연하고 있다. 그러나 한국정통기독교는 성서로 돌아갈 기미를 보이지 않고 오히려 성서에서 이탈한 그릇된 정통을 합리화하기에 급급해하고 있다.

　오늘의 한국기독교 판도는 성서에서 이탈한 정통교파들의 눈밖에 나면 목사고 교회고 할 것 없이 그 땅에서 배겨내기 힘든 지경에 도달해 있다. 그것은 마치 예수님 당시에 성서에서 이탈한 유대교 정통주의자들의 눈 밖에 나면 아무도 핍박을 면치 못하던 풍토에 비근하다. 사람의 전통으로 정통을 삼아 모세의 자리에 앉아 있던 그들이 하나님을 바로 가르쳐주신 예수님을 흠 잡아 십자가에 못 박았던 것이다.

예수님 당시에 그랬듯이 지금 한국 개신교계는 소위 정통개신교 지도자들의 비위를 건드릴까 두려워, 학자들이 바른 말을 못하고 목사들이 진리를 마음 놓고 선포하지 못하는 현실에 이르러 있다. 정통노선을 자극하다간 직위가 위태로워지고 이어서 생계가 위협을 받기 때문이다. 모처럼 안정된 석좌를 지키기 위해 신학교 교수들이 정통진영을 향해 경고 한 마디 못하고 신임교수들은 우선 발붙일 곳을 만들기에 분분하여 바른말 하기를 주저하고 있다.

정통교단 지도자들이 예수님 위에 앉아 있고 각 교단의 헌장이나 신경(信經)들이 성경 위에 있다. 사람을 기쁘게 하는 다수가 하나님을 기쁘시게 하는 소수를 용납하지 않는 것이 한국기독교계의 현대적 비극이다. 집 한 칸 없이 사시던 고난의 예수님을 따라가느라고 가난하게 사는 목사에게는 목회에 실패한 사람이라는 낙인이 찍히고, 세상과 타협하여 많은 신도들을 거느리고 돈방석에 앉아 고급요릿집을 자주 출입하는 목사는 성공한 목사로 추앙

받는 것이 숨길 수 없는 한국교회의 비극적 현실이다.

그런 현실에서 볼 때 이 책은 인기 없는 책이다. 인기는 고사하고 금서로 규탄받을 수도 있을 것이다. 저자는 한국의 정통교파와 이를 추종하는 군소교파들의 미움과 지탄의 대상이 될 수도 있을 것을 잘 알고 있다. 그럴지라도 저자는 성서에서 이탈한 한국교회가 항로를 이탈한 호화선같이 좌초될 것을 보고만 있을 수 없어 사명감으로 이 책을 낸다.

끝으로 두 가지를 밝혀둔다. 첫째는 본 서에는 구구하게 각주를 붙이지 않았다는 사실이다. 그 이유는 본 서의 내용이 명명백백한 현실이기 때문이다. 그리고 본 서는 양심적으로 한국정통교회의 방향에 대해 염려하고 있는 조용한 대중의 대변지가 될 것이다. 한국교회의 앞날을 염려하는 양심적인 그리스도인들의 대변지가 될 것이다. 둘째는 교회사에 나오는 서양인들의 이름들은 그동안 많이 알려진 그대로의 발음으로 적었으며, 가급적 영문을 표기했다. 어차피 그 사람들의 본국 발음은 우리말로 정확히 흉내 내지 못하기 때문이다. 사람의 이름은 그 발음이 중요한 것이 아니라 그것이 누구를 가리키느냐가 분명하면 그것으로 족한 것이다.

목 차

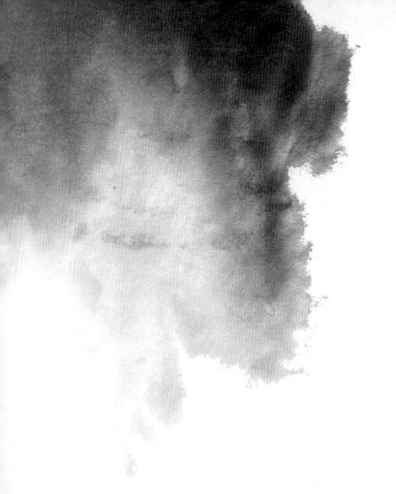

제1장
성서에서 이탈한 정통노선

제1장 성서에서 이탈한 정통노선

I. 유대교의 비성서적 정통노선 진단

정통유대교가 성서에서 이탈하기 시작한 것은 자주 변하는 환경에 맞는 편법을 따르는 데서 왔다. 유대인의 경우에는 그 편법이 구전법(口傳法)과 정교유착(政敎癒着)으로 나타났다.

1. 유대인들은 구전법을 따르다가 성서에서 이탈하였다. 예수님 당시에 유대교정통파는 비성서적인 권력층이었다. 이들은 하나님께서 계시로 내리신 성문법을 제쳐놓고 사람들이 만든 구전법(口傳法)을 일상생활에 적용시켰다. 구전법으로 하나님의 계명을 폐하기까지 하였다. 이 구전법이 신약성서에 "장로들의 유전"으로 표시되어 있다(마 15:1-6).

이런 구전법은 바벨론 포로시대 이후부터 만들어지기 시작하였는데, 이 부분은 스네이스(Snaith)의 책을 참고하기 바란다.

바벨론에서 70년간의 포로생활을 마치고 돌아온 유대인들은 그들의 고통이 율법을 제대로 지키지 않았던 데서 왔다고 여기고 다시는 율법을 범하여 하나님께 벌 받을 일을 하지 않기 위해 율법대로 바르게 살아보려고 애쓰기 시작했다. 바리새인들과 장로들로 구성된 유대인 정통파는 서기관들을 시켜 일상생활에서 율법을 잘 적용시킬 수 있도록 세밀하게 해석하게 했다. 그러나 약 1,000년 동안 다양하고 복잡해진 그들의 일상생활을 모세의 성문법 612개 조항만으로는 다 규제할 수 없었다.

그래서 서기관들은 모세의 성문법 612개 조항을 다양한 일상생활에 적용시키기 위해 더러는 추리적으로 더러는 우회적으로 해석하는 방법을 모색하게 된 것이다. 이런 과정에서 생긴 것이 구전법이다. 그리고 이 구전법에 성문법과 동등한 구속력을 주기 위해 레위기 27장 34절을 구전법의 근거로 내세웠다. "이상은 여호와께서 시내산에서 이스라엘 자손을 위하여 모세에게 명하신 계명이니라"는 성구를 간편하게 "시내산에서 받은 모세의 율법"이라는 '관용구'로 사용하게 되었다.

이 구절을 구전법의 근거로 삼는 데는 엉뚱한 유추적 해석이 필요했었다. 당초에 모세가 시내산에서 받은 계명에는 성문법 612개 조항보다 훨씬 더 많은 조항들이 들어 있었는데 이스라엘 족속이 모세의 죽음을 애도하던 30일 동안에 3,000개 조항을 잊었고(신 34:8) 모세의 후계자 여호수아가 가나안 땅을 정복하는 동안에 300개 조항을 더 잊었다는 것이다.

결국 모세가 시내산에서 받은 율법 조항은 성문법으로 남아 있는 612개 조항 이외에 3,300개 조항이 더 있었다는 것이다. 이런 유추적인 전제하에 서기관들은 3,300개 조항을 넘지 않는 범위 내에서 필요한 대로 구전법을 만들었고 성문법과 똑같은 구속력을 갖게 했다. 성경을 일상생활에 맞추기 위해 생긴 이 편법적인 구전법이 경우에 따라서는 성문법을 무력화시키기까지 하였다.

이렇게 해서 "장로들의 유전"이라고 불린 구전법을 만들어 주관하던 서기관들과 바리새인들이 결국 모세의 자리에 올라앉아서 백성을 다스리기에 이르렀다(마 23:2). 예수님 당시에 정통파 유대인들은, 그들이 만든 구전법대로 식전세수(食前洗手)는 강요하면서 성문법으로 되어 있는 효도의 계명은 어겨도 된다고 가르쳤다(막 7:9-13). 결국 편법적으로 만든 구전법이 하나님의 계명 위에 올라가고 이 구전법을 만든 사람들이 사실상 하나님 위에 올라앉게 되었다.

2. 또한 예수님 당시에 유대인 정통파는 정교유착으로 성서를 이탈하였다. 유대인들은 역사적으로 원근 주변의 강대국에게 수없이 시달려왔다. 이들은 애굽과 시리아와 아시리아와 바벨론과 페르시아와 헬라와 로마의 지배를 순차로 받아온 민족이다. 그래서 이런 지리적인 환경에서 살아남기 위해 종주국들의 정권과 유착하는 타성을 갖게 되었다. 특히 로마치하에서 오랫동안 집정한 헤롯대왕에게는 '헤롯당'이라는 이름을 가진 정당까지 있

었다. 그가 죽은 다음, 그의 아들들이 유대나라를 나누어 분봉정치를 할 때에도 여전히 유대인들 가운데에서는 정권과의 유착이 계속되었다.

3. 이와 같이 정통유대교는 사회 적응을 위한 편법적인 성서 해석과 정교유착(政教癒着)을 통하여 비성서적인 노선을 취하게 되었다. 신앙의 변질은 대부분 이 두 가지 노선을 통하여 생기게 된다. 이 두 가지 요인이 후에 기독교가 성서를 이탈하는 데도 그대로 답습이 되었다. 그러나 유대교를 부패시킨 것은 소위 정통유대교 지도자들이지, 참신한 전국에 산재해 있던 '적은 무리'는 아니었다. 기독교의 경우에 있어서도 성서적인 참 신앙은 정통주류에 있지 않고 산재해 있는 '적은 무리'에게 있다.

II. 비성서적인 기독교 정통노선 진단

유대교가 그랬듯이 정통기독교가 성서에서 이탈한 것은 새로운 환경에 적응시키려는 편법을 앞세운 데서부터 온 것이 분명하다. 정통기독교에서 성서를 이탈하게 한 두 가지 요인은 세례와 정교유착이다.

1. 기독교 역사상 맨 처음으로 편법을 적용한 것이 침례를 세례로 바꾼 것이다. 편법적으로 침례를 세례로 바꾸게 한 최초의 문서가 "디다케"(διδαχη)라는 문서다. 이 문서의 원 이름은 '열두 사도의 가르침'인데 보통 '가르침'이라는 뜻을 가진 '디다케'로 통용되고 있다.

120-160년에 된 것으로 추측된 이 문서는 열두 사도의 이름으로 된 위조문서다. 총 16장으로 되어 있는 이 문서의 제7장에서 예수님의 명하신 침수침례를 그대로 행할 필요가 없다고 최초로 가르친다. 이 문서에 나타난 침례조항을 의역해 본다.

> 침례는 흐르는 물에서 아버지와 아드님과 성령님의 이름으로 주라. 흐르는 물이 없거든 다른 물에서 주라. 찬물을 사용할 수 없거든 따뜻한 물에서 주라. 이런 물이 없거든 아버지와 아드님과 성령님의 이름으로 머리에 물을 부어서 주라.

이 위조문서를 진본처럼 보이게 하기 위해 이 문서를 "열두 사도의 가르침"이라고도 부르고 "열두 사도를 통해 이방에 주신 주님의 교훈"이라고도 불렀다. '사도'와 '주님'을 이 문서에 붙였지만 이것은 절대 예수님의 사도들이 남긴 문서가 아니다. 왜냐하면 침례를 주라는 예수님의 명령을 사도들이 고쳐 물을 머리에 부어도 된다고 가르쳤을 리가 없는데, 이 문서는 어겨도 된다고 가르치고 있기 때문이다.

침수침례 이외의 방식을 소개한 이 위조문서 때문에 교회는 근 1,200년 동안 침례와 세례가 마찰을 빚어 오다가 1311년 라벤나(Ravenna) 회의에서 로마교회가 약식 세례를 공식적으로 채택하게 되고 성경에 기록된 침수침례를 배제했다. 반면에 동부의 헬라정교에서는 성서적인 침수침례를 계속 지탱해 오게 되었다.

종교개혁자들은 타락한 로마 가톨릭교가 사용하던 이 약식 세례를 그대로 이어받아 후대에 영향을 주었다. 성서적인 침례를 회복하려 하기는커녕 루터(Luther)는 침례를 주장한 아나뱁티스(Anabaptists)를 대거 학살하고 캘빈(Calvin)은 성경적인 침례를 주장한 미카엘 세르베투스(Michael Servetus)를 화형시켰다. 예수님의 명을 따르는 사람들을 이단으로 몰아 죽인 셈이다. 한국에서는 이런 노선을 따라가는 단체를 정통기독교라고 칭한다. 심지어 이들은 한때 침례를 베푸는 교회들을 이단으로 몰아댔다.

성서적인 침례를 회복시키는 데 있어서 이들 16세기 종교개혁자들이 난처한 입장에 처해 있었던 것은 사실이다. 그 당시 서부 유럽의 인구 전체가 세례교인들이었으니 이들에게 성경대로 침례를 주자면 침례를 고집하던 소수를 제외한 서부 유럽 시민 전체에게 다시 침례를 주어야 했다. 그러자면 군주들과 성직자들까지 다 다시 침례를 받아야 했다. 그러다가는 종교개혁 자체가 위태로워지고 종교개혁자 자신들의 신변이 위태로워질 수도 있었다. 그래서 그들은 침례가 옳은 줄 알면서도 이를 실행하지 못했던 것이다.

이런 관측은 캘빈(Calvin)의 《기독교강요》에도 충분히 나타나 있다. 캘빈(Calvin)의 침례에 대한 글을 의역해 본다.

> 침례를 받는 사람의 전신이 잠기든지, 세 번 또는 한 번 잠기든지, 그에게 물을 붓든지, 물을 뿌리든지 하는 것은 중요하지 않다. 이 점에 있어서는 나라들 간의 차이점에 따라 시행할 수 있도록 교회들에게 자유를 주는 것이 마땅하다. 그러나 침례를 준다는 단어는 침수(浸水)한다는 뜻을 가지고 있다. 그리고 고대 교회가 침수례(浸水禮)를 행한 것은 확실하다(《기독교강요》IV, xv, 19).

이처럼 캘빈(Calvin) 자신도 침례의 정당성은 인정하면서도 이미 지적했듯이 비성서적인 "디다케"의 가르침을 따라 성서적인 침례 이외의 약식 세례를 정통으로 후대에 영향을 끼친 것이다. 법률가요 신학자인 그가 제네바에서 가졌던 막강한 영향력으로 성경적인 침례를 회복시켰더라면 개신교 내에서 침례와 세례로 인한 마찰은 그쳤을 것이다. 그러나 캘빈(Calvin)의 편법적인 세례가 그의 제자 존 녹스(John Knox)을 통해 영국 도처에서 정통의식으로 굳어지고 그것이 "웨스트민스터 신앙고백"(Westminster Confession)

을 통해 세례의 정당성으로 한국정통교파에 이어진 것이다.

19세기 말엽 장로교, 감리교 선교사들이 한국에 들어올 때 세례를 들여왔기 때문에 그것이 한국개신교에서는 정통적인 성례로 고착되고 말았다. 그 후 침례를 베푸는 작은 교파들이 더러 한국에 나타났으나 세례를 주장한 주류교파(장로교, 감리교)의 압력을 이겨내지 못하고 점점 세례를 받아들이는 추세다. 그 결과 이 비성서적인 세례풍(洗禮風)이 남침례교 계통의 침례교회들까지 뒤흔들어 교회 이름에서 '침례'를 빼는 사례들이 속출하고 있다. 이것은 비성서적인 정통주류에 휘말려 한국교회의 앞날을 더욱 어둡게 하고 있다.

한국의 장로교, 감리교가 권력과 강한 조직력으로 한국기독교의 정통을 주장한 지 한 세기가 훨씬 지났다. 그리고 이 한국정통노선에서는 캘빈의 가르침이 사실상 예수님의 가르침 위에 올라 있고 "웨스트민스터 신앙고백"(Westminster Confession)이 성서 위에 자리 잡고 있는 현실이다. 예수님께서 명하신 침수침례를 범하고 성서에 없는 교회 직분은 척척 주면서 캘빈주의나 "웨스트민스터 신앙고백"(Westminster Confession)을 어기는 것은 중죄로 다스리는 한국정통교회는 성서로 돌아갈 기미를 보이지 않고 무너져가는 사회풍조 맞추기에 급급해하고 있다.

2. 편법에 이어 정교유착이 기독교를 성서에서 이탈하게 하였다. 종교와 정치가 유착되면 종교지도자들이 정치인들에게 주는 영향보다 종교지도자들이 정치인들로부터 받는 영향이 더 큰 법이다. 정치에는 돈과 권세와 파벌싸움에 거짓과 권모술수가 따르는데 정권과 교회가 유착이 되면 교회지도자들이 영성을 잃고 돈과 권세와 편당을 피할 수가 없게 된다. 정교유착은 결국 교회지도자의 눈을 어둡게 하여 예수님의 노선을 버리고 가이사(Caesar)의 길을 가게 한다. 돈과 권세와 파당에는 향락까지 한 몫을 하게되어 결국 정교유착은 교회를 파멸의 길로 이끈다.

(1) 기독교가 정권과 유착하기 시작한 것은 콘스탄틴(Constantine) 집정 때부터다. 313년에 반포한 소위 '밀라노(Milano) 칙령'을 전환점으로 기독교가 로마의 국교가 되었다. 그 후 얼마 되지 않아 그리스도인들이 높은 관직에도 오르게 되었다. 오랫동안 교회의 적이었던 로마의 황실이 교회의 보호자가 된 것이다. 겉으로는 이것이 교회의 승리같이 보였지만 실은 정권에 항상 따라다니는 돈과 권력과 파벌과 향락이 교회 안으로 들어와 중세 교회의 부패를 초래하게 되었다.

이 점에 있어서 분명히 해 두어야 할 한 가지는 로마황실이 손을 잡은 것은 모든 교회가 아니라 다수를 이루고 있던 배교자들이었다는 사실이다. 디오클레티아누스(Diocletianus) 황제의 핍박 때(303~311)에 다수의 그리스도인이 죽기를 두려워하여 신앙문서를 전부 당국에 내어주고 그리스도를 규탄하였다. 반면 소수의 진실한 그리스도인들은 고통과 죽음을 당하더라도 지하생활을 하며 신앙을 지켰다. 콘스탄틴(Constantine)이 손을 잡은 것은 진실한 소수가 아니라 다수를 이루고 있던 배교자들이었다. 결국 콘스탄틴(Constantine) 황제와 손을 잡은 이 다수가 당시 기독교의 정통이 된 것이다.

311년은 중요한 해다. 이 해에 북아프리카 카르타게(Carthage)에서 배교자 휄릭스(Felix)가 새실리안(Caecilian)을 안수하여 감독으로 세웠다. 같은 지역에서 박해 중에도 믿음을 지켜 온 도나투스(Donatus)라는 성직자가 이에 항거하였으나 오히려 황제의 노여움을 사서 박해를 받게 되었다. 콘스탄틴(Constantine)은 종교적 분열이 로마제국의 분열로 이어질 것을 우려하여 자기편이 되어준 다수당인 배교자들의 편을 들어주고 이에 맞서는 도나투스(Donatus)를 억압한 것이다. 이때부터 정권의 지지를 받는 다수가 정통의 자리를 차지하게 되어, 배교자들이 정통파가 되었다는 것을 역사는 말하고 있다.

(2) 330년에 로마제국의 수도가 콘스탄티노플(Constantinople)로 옮겨진 다음부터 실질적으로 교황이 서부 로마의 정교주도권(政

敎主導權)을 장악하게 되면서 정교유착은 더욱 심해졌고 800년, 성탄절에 교황 레오 3세(Leo Ⅲ)가 프랑스 왕 샤레망(Charlemagne) 을 신성 로마제국의 황제로 대관해 줌으로써 정교유착은 정교일 치에 이르게 되었다. 황제 밑에 있던 교황청이 황제 위에 있게 되었다. 황실은 교황청을 수호해 주고 교황청은 황제의 대관과 결혼과 이혼을 주관하기에 이르렀다.

(3) 16세기 종교개혁자들은 중세기의 정교일치를 그대로 지속하고 개신교적 교황 노릇을 하면서 양심적으로 신앙노선을 달리한 사람들을 이단으로 몰아 더러는 유배시키고 더러는 혹독하게 죽였다. 루터(Luther)는 색소니(Saxony)의 선제후(選帝侯, 황제를 선출하는 제후) 후레드릭 3세(Frederick Ⅲ)의 보호하에 생명을 부지하고 개혁을 수행하면서 자기를 반대하는 사람들은 무차별 학살했다. 그에게 가장 많이 피해를 본 사람들이 문스터(Munster)의 농민들과 유아 세례를 반대한 아나뱁티스(Anabaptist) 계열의 성도들과 유대인들이었다. 결국 루터(Luther)는 루터(Luther)교를 독일의 국교로 만들었다. 그런 잔인한 종교를 국교로 삼은 독일교회가 후에 나치정권을 낳게 된 것은 조금도 놀랄 일이 아니다.

캘빈(Calvin)은 제네바(Geneva)를 신정도시(神政都市)로 만들고 목사 6명과 장로 12명으로 구성된 종교법원(Consistory)을 조직하여 그 도시를 운영하였다. 그 도시의 법은 캘빈(Calvin)이 만들고 그 법전은 캘빈(Calvin)의 성서 해석에서 나왔다. 결과적으로 캘빈(Calvin)이 제네바(Geneva)의 통치자가 된 것이다. 그는 자기와 신앙노선을 같이하지 않는 사람들을 이단으로 몰아 추방하거나 사형에 처했다. 앞에서 말한 바와 같이 캘빈(Calvin)이 가장 가혹하게 처형한 사람이 미카엘 세르베투스(Michael Servetus)였다.

캘빈(Calvin)은 개인의 적인 세르베투스(Servetus)를 하나님의 적으로 만들어 화형을 시키되 덜 마른 섶 위에서 서서히 타 죽게 하였다. 그것은 가톨릭교회가 이단에게 가한 형벌보다 더 잔인했다. 자기와 신앙노선을 달리 한다는 이유로 다른 그리스도인을 죽이는 것은 예수님의 제자가 할 수 없는 일이었다. 중세 가톨릭 사상에서 흘러 들어온 잔인성이 캘빈(Calvin)과 루터(Luther)의 영향력을 통하여 한국정통기독교에 잠재해 있다는 것은 슬픈 일이다. 예수님이 "제자들을 죽이는 자가 생각하기를 이것이 하나님을 섬기는 예라 하리라"고 경고하신 말씀이 그대로 이루어진 것이다(요 16:2).

(4) 한국에 개신교가 들어올 때 정교유착을 안고 들어왔다. 1884년 미국 북 장로교 의료선교사 '호레스 뉴턴 알렌'(Horace Newton Allen)이 내한하여 재한미국공사 직원으로 일하던 중 갑신정변이 일어났고 왕실의 척족인 민영익(閔泳翊)이 심한 자상을 입어 위독했을 때 그를 살려낸 것이 연유가 되었다. 고종황제가 광

혜원이란 의료원을 세워 주었고 후에 그것이 제중원으로 개칭되고 세브란스 병원의 전신이 되었다. 1885년 장로교 선교사 언더우드(Underwood)와 감리교 선교사 아펜셀러(Appenzeller)가 서울에 왔을 때에는 벌써 정교유착의 대로가 열려 있었다.

(5) 이렇게 정교유착으로 한국에 들어온 장로교, 감리교는 한국의 정통개신교가 되었는데 일제강점기에는 이 한국정통개신교(장로교, 감리교)가 굴욕적으로 정교유착을 하였다. 한국의 개신교 주류가 교회 문을 닫지 않기 위해 일본의 국신을 섬기는 신사참배를 공식적으로 받아들여서, 일본 국신에게 먼저 절하고 나서야 주일 예배를 올렸다. 그것은 하나님 이외에 다른 신을 섬긴 정도가 아니라 일본의 잡신들을 하나님보다 앞서 섬기는 것으로, 엄연한 배교행위였다.

한편, 이런 상황에서도 참 성도들은 더러는 투옥을 당하고 더러는 옥사까지 하였다. 믿음의 절개를 지키기 위해 옥고와 순교를 당한 성도들의 이름은 설교 예화에서나 가끔 언급이 되는 정도이고 크게 각광을 받지 못하고 있다. 반면에 신사참배를 결의한 장본인들은 해외로 유학을 다녀와서 한국정통기독교를 이끄는 지도층이 되었다. 슬픈 일은 순교자들과 옥고를 당한 성도들의 후손들로 형성된 보수정통노선에도 이제는 서서히 정교유착의 색깔이 짙어지고 있다는 것이다.

(6) 광복 이후에 그런 배교자들과 후손들이 이승만 정권에 밀착하여 세도를 부렸고 바로 그 부류들이 5·16 군사혁명으로 시작된 근 30년간의 독재정권을 떠받들어 주면서 호가호위(狐假虎威)를 한 것이다. 대통령 조찬기도회나 국가조찬기도회가 한국에서의 정교유착을 가장 잘 보여준다. '대통령조찬기도회 참석'을 이력서에 적어 놓고 명함에까지 찍어 다니는 목사들도 있었다. 정권에 유착된 기독교인들의 영적 맥박은 이미 끊어진 것이다.

(7) 정교유착이 가장 심한 곳은 한국의 대형교회들이다. 한국적인 실정에서 대형교회가 되려면 불의한 권력층을 끌어들여야 한다. 큰 교회가 되려면 돈줄을 잡아야 한다. 돈줄과 권력층을 포용하려면 그들의 불의를 묵인해야 할 뿐만 아니라 그런 사람들에게 교회의 고위 직분을 주어야 한다. 결과적으로 대형교회는 예레미야 때의 성전과 같이 "강도의 굴혈"이 되어가면서도 "여호와의 전이라! 여호와의 전이라! 여호와의 전이라!" 외치고 있는 실정이다(렘 7:4-11).

3. 이와 같이 기독교가 편법과 정교유착의 노선을 택하면 성서에서 이탈할 수밖에 없다. 성서에서 이탈한 기독교는 하나님을 등진 종교가 되어 버린다. 하나님을 등진 종교는 하나님께서 외면하신다. 아무리 정통을 주장한다 할지라도 하나님께 외면을 당하면 성서적인 기독교는 되지 못한다. 그럼에도 편법과 정교유착은 현 한국개신교의 정통노선이 되어 있다.

제 **2** 장
한국정통기독교 진단

제2장 한국정통기독교 진단

편법과 정교유착을 통하여 성서에서 이탈한 한국의 정통주류는 어디까지 와 있는가? 여기서 간추려 분야별로 관찰해 본다. 우리 한국정통기독교가 성서에서 얼마나 이탈하였는지는 성서와 양심의 외침에서 진단해야 한다.

I. 성서적인 교회 직분

성서에서 이탈한 교회 직분을 지적하기 위해서는 성서적인 교회 직분을 알아야 한다. 성서적 교회의 기본 직분은 목회 직분과 목회보조 직분, 이 두 가지뿐이다(빌 1:1; 딤전 3:1-11). 목회 직분은 목회자에게 주어지고 목회보조 직분은 집사에게 주어진다. 이 두 직분은 교회가 안수해서 성별한다. 이외의 모든 교회 직분은 편법적인 칭호에 불과하다. 이에 목회 직분과 목회보조 직분인 집사 직분을 성서적으로 검토해 본다.

1. 목회 직분

기본적인 목회 직분은 장로 직분이다. 이 장로 직분에서 목사와 감독이 나온다. 즉, 하나님의 양떼인 교회를 감시하고 다스리는 장로를 감독이라 칭하고 교회를 하나님의 말씀으로 양육하는 장로는 목사라 칭한다. 그러므로 목회 직분이 아닌 장로 직분이나 목사 아래 두는 장로 직분은 있을 수 없다. 따라서 목회 직분이 아닌 장로를 세우거나 장로를 목사 아래 직분으로 여기는 것은 성서적으로 천부당한 일이다.

'장로=감독=목사'라는 성서적 공식은 사도행전 20장 17, 28절, 베드로전서 5장 1-4절, 요한복음 21장 15-17절이 종합적으로 밝혀 주고 있다. 목회 직분의 총칭은 장로요 그중에서 교회를 행정적으로 다스리는 면에서 볼 때에는 감독이 되고 하나님의 말씀으로 교회를 양육을 할 때에는 목사가 된다. 즉, 같은 장로 직분을 업무 수행 국면에 따라 감독과 목사로 구분하는 것뿐이다.

우선 사도행전 20장 17절에서 바울 사도가 밀레도에서 에베소 교회의 장로들(複數)을 불러냈다. 이때에 불러낸 사람들이 장로들이었다는 말이다. 바울이 그 장로들에게 말하기를 성령님께서 그들을 '감독자'로 삼으시고(감(監)에 유의) 하나님의 교회를 '치게 하셨다'고 하였다(목(牧)에 유의). 여기서 사용되는 '친다'는 말의 원어는 '포이마이노'($\pi o\iota\mu\alpha\acute{\iota}\nu\omega$)로 '양을 친다'는 뜻이다. 이방을 위한 사도 바울이 '장=감=목'(長=監=牧)의 공식을 밝히 일러 주었다. 이와 같이 기본 목회 직분은 장로 직분이다. 가르치는 장로와 다스리는 장로의 구분은 있을 수 있다.

유대인들을 위한 사도 베드로 역시 장로 직분이 목회 직분임을 말하고 있다. 베드로전서 5장 1-4절에서 사도 베드로는 목회자들에게 "자기가 장로 된 자라"고 말한다. 그는 분명히 목회자로 임명을 받았다. 예수님께서 그를 친히 뽑아 세우시면서 그분의 양을 먹이고 치라고 명하셨다. 양을 먹이고 치는 사람은 목회자다. 그가 목회자로 임명을 받았다는 말이다(요 21:15-17). 그런 그가 자신을 장로라고 말하므로, 장로와 목사는 같은 목회 직분임을 밝혀주고 있는 것이다.

목회 직분으로서 '목사'라는 단어는 신약성서에 한 번 나오는데(엡 4:11) 이 단어를 직역한다면 '목자'(牧者, ποιμήν)라야 한다. '양을 먹이는 사람'이라는 말이다. 그러나 목사가 짐승을 먹이는 사람이 아니요 영의 양식으로 사람을 먹이는 사람이기 때문에, 목사(牧師)라는 단어로 번역한 것은 크게 잘못된 것이 아니다. 자(者)를 사(師)로 바꾼 것뿐이다.

이와 같이 목회 직분의 기본이 되는 장로 직분을 함부로 세우거나 기독교한국침례회에서와 같이 안수집사를 장로로 불러주는 소위 호칭장로제도는 비성서적일 뿐만 아니라 성직에 대한 모독이다. 침례교 계통에서 이런 잘못을 범하는 것은 비성서적인 한국정통노선의 잘못된 관례를 따르기 위한 수치스러운 탈선이다. 장로는 기본 목회 직분이라는 점을 거듭 지적해 둔다. 그러므로 장로는 목회 직분으로 세워야 한다. 그러므로 장로는 최소한 정규 신학교를 졸업한 목회자 자격이 있는 자라야 한다.

2. 목회보조 직분

기본적인 목회 직분이 장로이듯이 기본적인 목회보조 직분은 집사 직분이다. 집사 직분의 성서적 유래는 사도행전 6장 1-6절에 나와 있다. 그리고 성경 다른 곳에서도 집사 직분이 목회보조 직분인 것이 분명해진다. 그리고 집사는 반드시 안수하여 세워야 한다. 소위 '서리집사'라는 직분은 성경적이지 않다. 계급 좋아하는 한국교회에서 편법적으로 주는 직분이다. 성서적인 교회에 있어서는 안 된다.

집사 직분은 예루살렘 교회가 한참 부흥하고 있을 때에 생긴 것으로, 필요해서 생긴 직분이다. 사도들과 온 교회가 성령님의 충만을 받아 대내적으로 사랑의 교제가 뜨겁고 대외적으로 세상이 교회를 두려워하고 칭찬하는 중에 하나님께서 교인 수를 날로 더해 주셨다. 하루에 제자의 수가 3,000명이 더해지기도 했다. 남자 교인만 5,000명에 이른 뒤에도 예루살렘 교회의 교인은 계속 늘어갔다. 여자 교인과 합치면 최소한 12,000명은 되었을 것이다. 그렇다면 열두 사도 중 한 사람이 교인 1,000명을 돌보아야 할 지경에 이른 셈이다.

이렇게 되자 사도들은 과부들의 급식소에서 식탁 업무까지 보아야 했다. 어느 날 사도들은 본의 아니게 자기들이 본연의 업무인 기도와 하나님의 말씀 전하는 것을 제쳐놓고 구제에 전념하고 있는 것을 깨달았다. 고아와 과부를 돌보는 것은 귀한 업무이지만 사도들이 훈련받은 본연의 업무는 하나님의 말씀을 전하고 기도하는 일이었다. 그들의 전공이 그렇다 보니 구제 업무에는 좀 서툴렀고, 결과적으로 헬라파 유대인 과부들이 어쩌다 급식을 못 받는 일이 생겼다. 이에 헬라파 유대인들이 히브리파 유대인들을 원망하는 소동이 생기게 되었다.

이것을 깨달은 사도들은 성령님과 지혜가 충만하여 칭찬 듣는 남자 일곱을 뽑아 달라고 회중에게 요구했다. 이 말을 듣고 교회가 그런 사람(남자) 일곱을 뽑아 주니 사도들이 그들에게 안수하고 교회의 급식 업무를 맡겼다. 그리고 사도들은 자기들 본연의 업무에 돌아가 기도하는 일과 하나님의 말씀 전하는 일에 전념하게 되었다. 그러고 나니 교회는 계속 성장하게 되었다. 그 이유는 물질을 다루는 일이 힘들고 오해받기 쉬운데 그 일을 집사들이 맡고 목회자인 사도들을 그런 일에서 해방시켜 줌으로써 그들 자신이 목회보조자들이 된 것이다.

이와 같이 집사 직분은 남을 섬기는 직분으로, 남존여비사상이 강한 그때에 남자인 그 일곱 사람이 여자인 과부들에게 매일 음식을 제공해 주며 섬기는 일을 하였다. 그러므로 집사 직분은 섬기는 일이요 계급을 따는 일이 아니다. 게다가 그 직분은 자기보다 불우한 사람을 섬기는 업무였다. 이 섬기는 일에 사도들이 먼저 본을 보여 주었고 그 업무를 집사들이 이어받아 하게 된 것이다. 집사들이 계급 행세를 하는 일은 추호도 없었다. 그것은 섬김을 받으러 오시지 않고 남을 섬기러 오신 예수님의 영이신 성령님께서 교인 전체에 충만하셨기 때문이다. 그러나 집사 직분을 계급으로 알고 주는 교회에서는 갈등과 분쟁을 면하기 힘들다.

사도행전 6장 1-6절을 보통 집사 직분의 근거로 알고 있는데 그럼, 집사라는 말이 이 성구에 표기되어 있는가? 그래야 그것이 집사 직분의 출처가 되지 않겠는가? 우리말 번역에는 이 대목에 집사(執事)라는 말이 보이지 않는다. 그러나 헬라어 원어에는 나타나 있다. 그래서 이 성구는 집사 직분의 기원이 되기에 충분하다.

1절에 나오는 "구제"라는 단어가 헬라어로 '디아코니아'(διακονία)이다. 이 단어는 집사 직분을 일컫는 말이다. 이때의 집사 직분은 급식소에서 남을 구제하는 일이었다. 그래서 집사 직분이 '구제'라고 번역된 것이다. 2절에 있는 디아코나인(διακονεῖν)은 디아코네오(διακονε'ω)라는 동사의 부정법(不定法)으로 '수종(隨從)든다'라는 뜻이다. 이 단어가 식탁에서 수종든다는 뜻으로 사용되었기 때문에 '공궤'(供饋)라고 번역된 것이다. 섬긴다는 말인 '디아코네오'에서 집사라는 단어 '디아코노스'(διάκονος)가 나온 것이다. 이와 같이 집사 직분은 목회자의 과중한 업무를 덜어주기 위해 생긴 직분이다. 따라서 집사 직분은 목회보조 직분이다.

여자 집사를 둘 수 있느냐는 문제에 대해서도 성서가 답을 말해 주고 있다. 물론 예루살렘 교회의 제1진 집사들은 다 남자였다. 그러나 고린도의 이웃 항구도시 겐그레아 교회가 여자 집사를 둔 실례가 있다. 그 여자 집사의 이름이 뵈뵈다(롬 16:1). 그는 분명히 집사였다. '디아코노스'였다는 말이다. 여자에게 안수하여 집사 직분 주는 것을 꺼리던 때에 번역된 우리말 성경에는 아직도 뵈뵈가 겐그레아 교회의 집사가 아닌 '일꾼'으로 나와 있다. 이 성경구절은 반드시 "겐그레아 교회의 집사 뵈뵈"로 고쳐져야 한다. '일꾼'이라는 단어는 따로 있다. 그것은 '에르가테쓰'(ἐργάτης)라는 단어다.

Ⅱ. 성서에 없는 편법적인 교회 직분

한국교회에는 성서에 없는 교회 직분들이 편법적으로 많이 생겼다. 이런 비성서적인 교회 직분들이 성서적인 직분을 밀어낼 정도로 성하고 있다. 요즈음은 교인들의 직분을 지칭하는 말로 신급(信級)이라는 용어까지 등장했다. 편법적인 인기 직분 몇 가지만을 여기서 지적해 본다. 성경에 없는 직분들이다.

1. 여자 목사

신약성서에 여자 목사는 없다. 어느 때가 되면 여자 목사를 두라는 예시도 성서에는 없다. 성서에 없는 여자 목사 직분을 만드는 것은 성서에 대한 도전이다. 그런데 성서에서 이탈하기 시작한 한국정통교회들이 이 여자 목사 제도를 받아들이기 시작하고 있다. 그러나 아무리 여자 목사를 세우고 어떤 면에서는 그것이 기발해 보이기까지 할지라도 그것은 성서적 직분이 아니다. 성서에는 없는 직분이라는 말이다. 여자 목사를 장려하려는 것은 한국교회를 한 단계 더 성서에서 이탈하게 하는 운동이다.

이 여자 목사 문제에 대해서 논하기 전에 일러둘 말이 있다. 그것은 사심을 완전히 떠나서 순전히 성서적인 척도로 이 문제를 다룬다는 전제다. 따라서 이 문제에 대한 언급은 이미 여자 목사가 되어 있는 분들이나 여자 목사 제도를 두고 있는 교단에 대한 도전이나 비평이나 시비가 아니다. 필자에게 그런 의도는 전혀 없다. 오히려 여자 목사들 가운데는 그 사람됨에 있어서 필자를 훨씬 능가하는 훌륭한 인물들이 있다. 그뿐 아니라 이미 여자 목사이거나 여자 목사 제도를 찬성하는 분들 가운데는 필자의 친구들도 있다. 또한 여자 목사 제도는 교파적이기 때문에 교회 밖의 사람들이 논평할 바도 아니다. 본 서에서는 다만 이 직분이 성서에 있느냐 없느냐를 진단하고 있는 것이다.

한국에서 여자 목사를 두는 무리는 세 부류로 나눌 수 있다. 감리교나 미국장로교(PCUSA)와 같이 제도적으로 여자 목사를 두는 교단이 있고, 침례교와 같이 교파 밖에서 목사 안수를 받고 와서 교파 내에서 인정받기 위해 여자 목사 제도를 주장하는 무리도 있고, 여권신장운동의 일환으로 그리 하는 단체도 있다. 미국에서 살다가 암으로 다 죽게 된 한국 여자가 목사 안수를 받으러 한국에 가면서 "죽은 다음에 내 비석에 목사 직함을 넣으려고 한다"라고 말한 경우가 그런 실례다. 성서의 척도로 진단해 볼 때 여자 목사 문제는 다음 몇 가지로 정리할 수 있다.

(1) 예수님께서 여자에게 목사직을 주신 일이 없다는 것을 지적해 둔다. 예수님은 사도들을 불러 훈련시키신 다음에 목사로 임명하셨다. 그 대표적인 사례가 베드로에게 "내 양을 먹이고 치라"는 명령을 내리신 경우다(요 21:15-22). 예수님의 양을 먹이고 치는 사람은 목자다. 곧 목사라는 말이다. 이것은 다른 사도들에게도 해당되는 예수님의 성직 임명이다. 그 사도들 중에 여자는 하나도 없었다. 예수님께서 여자 목사를 임명하신 적은 없었다

는 말이다. 남자 못지않게 예수님을 돕고 수고하고 담대한 여자들이 더러 있었으나 예수님께서는 그 어떤 여자에게도 목사 직분을 주지는 않으셨다.

예수님께서는 장차 어느 때가 되면 여자들도 목회자가 될 수 있을 것이라는 암시조차도 하지 않으셨다. 세상 끝 날까지의 일들을 말씀하시면서도 여자 목사에 대해서는 한 번도 말씀하지 않으셨다. 그리고 예수님의 말씀은 '천지는 없어져도' 없어지거나 변할 수 없는 말씀이다. 그러므로 여자 목사를 목회자로 세우는 것은 인간의 편법이지 예수님의 뜻은 아니다. 그리고 그것은 교회가 편법적으로 세상을 닮아가는 양상이다.

사도들이 길러낸 목사들 가운데도 여자 목사는 하나도 없다. 성경에 명시된 대로 예루살렘 교회를 맡은 사람은 남자인 야고보였고 에베소 교회 목사도 남자인 디모데였고 그레데 교회의 목사도 남자인 디도였다. 신약성서에 여자가 담임목사가 된 예는 전혀 없다. 그래서 성경은 감독의 자질을 말하면서 "감독은 한 아내의 남편"이어야 한다고만 하고 "한 남편의 아내"라고는 말하지 않고 있다(딤전 3:1 이하).

(2) 구약에 성전 제단을 맡은 사람들 가운데도 여자는 하나도 없다. 구약의 제사장 중에도 여자는 없었다는 말이다. 여자 목사 문제를 정당화시키기 위해 구약시대의 유명한 여자 지도자들을

끌어들이는 사람들도 있는데 그것은 억지변론이다. 구약시대에 몇 여자가 남자를 능가하게 큰일을 해낸 것은 사실이다. 민족의 위기에서 자기 민족을 구출해 낸 여자들도 있었다. 그들을 유대 민족 유공자로 알아주는 것은 잘하는 일이지만 그들을 여자 목사 제도의 전신으로 보아서는 안 된다.

(3) 여자 목사 제도를 주장하는 사람들이 즐겨 인용하는 성구 해석이 시정되어야 한다. 갈라디아서 3장 28절을 문맥에서 벗어나 엉뚱하게 해석하는 데서 그릇된 주장을 하는 사례가 생긴다. "유대인이나 헬라인이나 종이나 자유자나 남자나 여자 없이 다 그리스도 예수 안에서 하나이라"는 이 말씀은 믿음으로 의로워지는 데 있어서 모든 사람이 평등하다는 말이지, 그리스도 안에서 성적 구별이 없어진다는 뜻은 아니다. 목사 직분은 편법에 따르지 말고 명백한 성서의 규정에 따라 주어야 한다.

매년 수천 명의 신학 졸업생들이 배출되므로 남자 목사도 남아 돌아 가는 현실에서 성경에 없는 여자 목사들을 등장시키는 것은 이미 치열한 목사 시장에 열을 가하여 그렇지 않아도 복잡한 한국기독교계에 혼란을 더할 뿐이다. 물론 남자 목사들이 많이 타락해서 큰소리 못 칠 현실 가운데 여자 목사의 흐름을 막는 것은 쉽지 않을 것이다. 특히 한국에서는 정통교파들이 이 비성서적인 제도를 밀고 나가는 것을 맞설 단체가 있기 어려울 것이다.

2. 권사(勸士)

권사 직분은 성서에 없는 편법적인 교회 직분이다. 이것은 소위 한국의 정통교파들이 만들어 성서적인 직분처럼 잘못 사용하고 있는 직분이다. 계급에 주린 한국기독교인들에게 비성서적인 이런 직분은 아주 매력적이다. 명색이 정통을 주장하는 교파들이 만들어 놓은 직분이기 때문에 그것이 성서적으로 바른 직분으로 잘못 인식이 되어 있다.

성경으로 돌아가서 검토해 보자. 권사 직분은 사도행전 4장 36-37절에 기록된 '바나바'라는 사람의 이름에서 나온 듯하다. 바나바의 원명은 요셉이다. 구브로 섬 출신으로 레위족속 유대인이다. 그의 선행이 교회적으로 인정을 받았다. 그의 선행 가운데는 자기 밭을 팔아 그 돈을 전부 사도들에게 갖다 바친 것과 낙심하여 '다소'라는 곳에 가서 은둔하고 있던 바울을 찾아가서 안디옥 교회 교사로 만든 일들이 포함되어 있다.

그가 남을 위로하고 권면하는 일을 잘하였기 때문에 사도들이 그의 이름을 '바나바'라고 지어 주었다. 바나바라는 이름의 뜻은 권위자(勸慰子)다. 즉, 남을 권면하고 위로해 주는 소자(小子)라는 말인데 이것은 일종의 별명이다. 한 개인에게 별명으로 주어진 권위자(勸慰子)가 권사(勸士)로 승격되어 한국교회의 고위 직분이 된 것이다. 감리교에서 시작된 이 권사 직분을 한국장로교에서

도입하게 되었고 그 뒤를 성결교가 이었고 연이어 한국침례교단과 대부분의 교파들 가운데 이 직분이 확산되었다.

이 편법적인 교회 직분의 출처가 되는 바나바가 남자였기 때문에 원래 감리교에서는 남자에게 주던 직분인데 지금은 장로교를 위시한 대부분의 한국개신교회에서 여자에게 이 직분을 주고 있다. 그리고 그 대상은 주로 목사 부인들이나 장로 부인들이나 교회 내에서 존경받는 중견 여자들이다. 안수를 받지 않고 임명으로 받는 이 권사 직분은 여자 장로 같은 인상을 준다.

그런데 계급의식을 빼놓으면 이 편법적인 권사 직분은 사실상 무의미한 직분이다. 그리고 이것이 계급이다 보니 그 직분을 받는 데는 돈거래도 없지 않다. 권사 직분을 백면(白面)으로 받는 사람은 별로 없다. 관례와 체면 때문에 권사 직분을 받는 사람은 감사헌금이라는 명목으로 적지 않은 특별헌금을 하는 것이 불문율로 되어 있다. 교회 직분을 받는 데 관련된 돈거래는 엄연한 성직 매매다. 성직 매매는 죄다.

3. 목자와 목녀

한국교회 가운데 성행하고 있는 새 직분이 소위 '목자'(牧者)와 '목녀'(牧女)라는 직분이다. 물론 편법적으로 잠깐 활용되다가 없어질 직분일지는 몰라도 지금의 추세로 보아서는 교회의 중요한 직분이 될 것 같기 때문에 이 선에서 밝혀두는 것이 좋을 듯하다.

이 직분은 재래식 구역장에 해당하는 직분이다. 이것은 교인관리를 위한 지역 행정요원들이다. 남자 구역장은 목자라고 부르고 여자 구역장인 경우에는 목녀라고 부르는 셈이다. 특히 목자나 목녀 같은 단어는 낭만적인 느낌까지 주기에 인기가 있어 보이지만 이 중에서 목녀라는 단어는 표준어도 아니다. 사전에도 없는 말을 만들어서 쓰고 있는 것이다.

그런데 언젠가 목자와 목녀라는 단어가 성서적으로 밝혀졌을 때 교계에 불필요한 혼란이 올 것이다. 원어로 목자라는 단어는 나와도 목녀라는 단어는 성경에 한 번도 나오지 않는다. 그러나 하나님의 백성을 양으로 비유하고 그들을 돌보는 자들을 목자라고 칭하는 곳은 성경 여러 곳에 있다. 그런 점에서 보았을 때 하나님도 목자이시고 선지자들도 목자이고 예수님도 목자이시고 그 제자들도 목자이며 목회자들도 목자다.

우리말 번역 성경에 교회 직분으로서의 '목사'(牧師)라는 단어는 에베소서 4장 11절에서 꼭 한 번 쓰이고 있다. 이 목사라는 단어는 목자라는 원어를 목사로 번역한 것뿐이다. 물론 목사가 하는 일은 짐승을 돌보는 일이 아니고 사람을 돌보는 일이므로 '자'(者) 대신에 '사'(師)를 사용하여 목사(牧師)로 번역한 것은 충분히 이

해가 된다.

문제는 원어로 목사와 목자가 같다는 데 있다. 그리고 성경에 하나님과 예수님을 목자로 묘사하고 있는데 목사를 목자보다 높이는 것은 목사를 하나님과 예수님 위에 올려놓는 것과 다를 바가 없다. 이렇게 목사와 목자라는 용어를 분간 없이 쓰는 중에 교회는 본의 아니게 목사가 하나님 위에 올라앉게 되는 잘못을 범하는 것이다. 그뿐만 아니라 목자와 목녀를 거느리는 것이 목사라면 그런 목사는 스스로 자신을 목자장으로 승격시키고 있는 것이다. 그러나 성경적으로 목자장(牧者長)은 예수님이시다(벧전 5:4; 히 13:20).

목사와 집사로 구성된 성경적인 교회 직분제로도 얼마든지 교회는 잘 운영되었는데 이런 불필요한 제도를 만들거나 도입해서 교리를 혼잡케 할 필요는 없다. 신약성서에 없는 이런 직분들을 편법적으로 만들어서 계급으로 나누어 주는 것은 정부여당에서 그 세력을 증식시키기 위해 불필요한 직위를 만들어 이 사람 저 사람에게 나누어 주는 것과 별로 다를 것이 없다.

이런 편법들을 사용하여 교인 수를 늘리는 것을 변호하기 위해 "꿩 잡는 것이 매"라는 묵은 속담까지 동원하고 있다. 그러나 전도해서 천국백성을 얻는 것을 어찌 꿩 사냥에 비할 수 있겠느냐? 목회가 어찌 꿩 잡아서 목사 밥상 차리는 것이겠는가? 성서를 떠나서 이런 편법으로 실리를 얻으려는 것은 분명히 영적인 유행병이다. 무슨 직분을 몇 개 두는지는 각 교회의 자유다. 그러나 목회 직분이 아닌 장로 직분이나 여자 목사나 권사나 목자나 목녀는 성서에 없는 직분들이다.

말없이 유행하고 있는 신식논조(新式論調)에 조심해야 한다. (이 새로운 논조는 이것이다.) "성서는 허락하지 않고 있지만 우리 교회에서는 편법적인 직분을 준다." 이것은 아주 위헌 논조인데 한국 교회 전반에 걸쳐 적용되고 있다. 성서가 허락하지 않는 여자 목사나 권사나 목자와 목녀를 두는 데 이 논조를 계속 적용한다면 "성서는 허락하지 않고 있지만 우리 교회에서는 마리아 우상도 숭배한다", "성서는 허락하지 않고 있지만 우리 교회에서는 동성결혼도 허락한다"라는 악의 흐름을 막을 길이 없다.

이런 논조는 가상이 아니라 소위 한국정통교파의 본산지인 미국에서 이미 현실화되어 가고 있다. 미국의 오바마 대통령이 동성결혼을 공식적으로 지지했고 미국의   장로교 주류에서도 이미 동성결혼을 공식적으로 인정해 주고 있다. 미국의 다른 교단에도 이런 비성서적인 교회 직분이 전염되어 많은 교파들이 분열되고 있다. 그러므로 이런 멸망의 풍조가 한국 강산을 휩쓸 것은 시간 문제일 뿐이다.

제3장
한국교회 대중예배 진단

제3장 한국교회 대중예배 진단

Ⅰ. 예배 본질 진단

예배는 하나님을 뵙는 거룩한 행사다. 그러므로 예배는 신령과 진정으로 올려야 한다(요 4:23). 그런 예배를 올리는 사람은 마음도 깨끗해야 하고 외모도 단정해야 한다. 예배 분위기도 공연장 같은 인상을 주어서는 안 된다. 참 예배는 규모의 크기와 예배의식의 단출함이나 다양함에 있지 않고 예배를 받으시는 하나님의 임재에 있다. 그런 예배는 두세 사람의 모임일 수도 있고(마 18:20) 많은 사람이 운집한 모임일 수도 있다(행 4:4). 하나님께서 함께하시는 예배가 참 예배요 하나님께서 외면하시는 예배는 예배가 아니다.

사람을 끌어들이기 위한 목적으로 준비된 예배나 목사의 연설을 듣게 하려고 마련된 예배나 건축헌금이나 특정한 목적으로 모금하기 위해 갖는 예배는 하나님께 드리는 예배가 아니다. 그러므로 그런 예배는 하나님께서 받지 않으신다. 하나님께서 외면하시는 성대한 예배 광경을 이사야 선지자는 이렇게 묘사했다.

여호와께서 말씀하시되 너희의 무수한 제물이 내게 무엇이 유익하뇨 나는 숫양의 번제와 살진 짐승의 기름에 배불렀고 나는 수송아지나 어린양이나 숫염소의 피를 기뻐하지 아니하노라 너희가 내 앞에 보이러 오니 그것을 누가 너희에게 요구하였느뇨 내 마당만 밟을 뿐이니라(사 1:11-12).

그런 사람들이 예배에서 손을 편 자세로 기도할 때에 하나님은 눈을 가리고 듣지 않으셨다. 왜냐하면 예배하는 자들의 손에 피가 가득하였기 때문이다(사 1:15). 그런 예배를 시정하지 않은 이스라엘은 결국 망하고 말았다.

예레미야는 그런 유대인들의 예배 모임을 '도적놈들의 소굴'이라고 규탄했다. 그들은 성전에 모여서 거짓 구호를 외쳤다. "이것이 여호와의 전이라! 여호와의 전이라! 여호와의 전이라!"(렘 1:4). 예배하는 자들은 이런 구호를 외쳤지만 그 생활에 있어서는 이방인과 고아와 과부들을 압제하며 남의 것을 도적질하며 살인하며 간음하며 잡신에게 절하고 있었다.

이런 자들이 얌전하게 성전에 모여서 "우리가 구원을 받았다"고 외쳤다(렘 7:6-10). 죄를 회개해야 할 장소인 성전이 도적놈들이 숨기 좋은 곳이 되고 말았던 것이다. 이 광경이 사람들에게는 감추어졌을지라도 하나님의 눈에는 드러나 있었다(렘 7:11). 결국 이런 사람들이 모이던 그 성전은 불타고 말았다. 성전을 도적놈들의 굴로 만들던 그들은 침략자들에게 죽임을 당하든지 포로로 끌려갔다.

이런 신성모독적인 성전 광경은 예수님의 분노를 자극하였다. 예수님께서 목격하신 것은 가면을 쓴 사람들이 성전을 드나드는 정도가 아니라 그런 사람들이 아예 성전 뜰을 점령하여 장터로 만들어놓은 것이었다. 거기서 사고파는 상품들은 제단에 바치는 양과 비둘기와 성전에 바치는 은전(銀錢)이었다. 성전 마당이 멀리서 예배하러 온 사람들에게 편의를 제공해 준 것은 사실이다. 제물감이 될 수 있는 흠 없는 양이나 비둘기를 성전 뜰에서 살 수 있었고 동전으로 은전을 사서 성전에 바칠 수 있게 해준 곳도 성전 뜰 시장이었다. 이런 상거래 과정에서 상인들은 이득을 취하게 되었다. 이 상인들의 배후에는 성전 당국자들이 이익을 챙기고 있었다.

아무리 제물로 쓰는 것이라도 이권이 개입되면 속임수가 따르기 마련이다. 속임수로 제물을 사고파는 것은 도둑질이다. 속임수로 거래되고 이권을 앞세워 취득한 제물을 하나님께서 받으셨을 리가 없다. 그래서 예수님께서 노끈으로 채찍을 만들어 이들을 성전 뜰에서 몰아내시면서 하나님의 집으로 강도의 소굴을 만들지 말라고 하셨다(마 21:12-13; 요 2:13-16).

취득 과정의 당위성을 생각지 않고 긁어모은 돈을 하나님께서 받으시겠는가? 좀 더 구체적으로 말해서, 뇌물 받은 돈이나 약자를 짓밟고 빼앗다시피 한 돈으로 거액 헌금을 하는 사람은 높여 주고 생활비 전부에 해당하는 과부의 두 푼은 거들떠보지도 않는 교회 예배나 하나님을 의식하지 않고 사람을 기쁘게 하는 예배에 하나님께서 임재하시겠는가? 아니다. 사람의 눈앞에 전시적으로 올리는 예배에는 하나님께서 임재하실 수 없다. 그런 예배를 하나님은 지겨워하신다(사 1:12-13).

II. 예배 순서 진단

성경에 예배 순서 항목은 더러 나와 있으나 항목의 서열이나 그 수는 나와 있지 않다. 예배 항목 가운데는 하나님의 말씀 선포와 말씀 교육과 기도와 시와 찬미와 신령한 노래가 있었고 가난한 자들을 위한 연보가 있었다(엡 5:19; 고전 14:26; 16:2). 이 가운데 어느 항목이 먼저고 뒤인지는 성경이 밝혀 주지 않고 있다. 예배 항목에서 주요한 것은 그 하나하나를 하나님께서 기뻐하셔야 한다는 점이다.

예배 순서의 모든 항목은 다 하나님을 기쁘시게 하도록 짜야 한다. 이런 전제하에 현대 한국교회의 예배 항목 몇 가지를 진단해 본다.

1. 예배로의 부름

근래에 많이 쓰이는 이 용어는 예배를 시작한다는 뜻으로 미국 사람들의 예배순서지에 나타나는 "call to worship"이라는 문구를 직역한 것인데 이것은 우리말 표현이 아니다. 국문학자에게 물어보면 잘 일러 줄 것이다. 그런데 지금은 교파를 초월해서 굵은 교회들이 상례적으로 사용하고 있으므로 그렇게 하지 않는 교회를 잘못된 교회로 인식하기 쉽다.

지각이 있는 사람들의 이맛살을 찌푸리게 하는 이런 괴상한 용어를 예배 순서지 첫 항목으로 넣지 말고 예배 인도자가 그때그때 품위 있는 언사로 예배의 시작을 선언하는 것이 건전한 모습일 것이다. 또는 사회자가 경건한 자세로 두 팔을 들면서 동작으로 예배 시작을 표시하는 것도 바람직하다.

2. 설교

하나님의 말씀인 성경을 풀이해서 전하는 것이 설교다. 성경 풀이는 성령님께서 계시해 주신대로의 원뜻을 찾아내는 것이다. 그리고 성경의 핵심은 예수님이시다. 그러므로 설교의 줄기는 언제나 예수님이어야 한다. 따라서 예수님이 빠진 설교는 한갓 종교 연설이지 설교가 아니다. 요한복음 5장 39절에서 예수님은 이 점에 대하여 밝히 말씀하셨다. "너희가 성경에서 영생을 얻는 줄 생각하고 성경을 상고하거니와 이 성경이 곧 내게 대하여 증거하는 것이로다."

예수님께서 이 말씀을 하실 때의 성경은 구약이다. 구약이 예수님에 대한 증언이라면 신약은 더 말할 나위가 없다. 부활하신 후에도 예수님은 구약을 당신에 대한 기록이라고 말씀하셨다(눅 24:27). 그러므로 참 설교는 이 성경말씀에 대한 해석이어야 하고 그 설교에서는 예수님과 그 생애와 교훈과 명령과 모본이 전달되어야 한다.

그런데 예수님을 전하더라도 십자가와 상관없는 예수님을 전하거나 돈 벌게 해주는 분으로 소개하는 것이, 목사들이 빠지기 쉬운 함정이다. 한국교회에서 유행하고 있는 소위 '삼박자 축복' 설교라는 것이 바로 그 대표적인 사례다(요삼 1:2). 잘 사는 것이 신앙의 목적이 되어 있는 기복 설교에서는 예수님이 물신(物神)으로 소개가 된다.

사도 바울 같은 분은 많이 배우고 사회적 지위도 높았지만 그리스도 한 분만을 바로 알고 전하기 위해 그의 학문과 지위와 모든 명예를 배설물로 여기고 "그리스도와 그의 십자가에 못 박히신 것 외에는 아무것도 알지 않기로 작정을 하고" 전도를 하였다. 유대인들에게는 핍박을 받고 헬라인들에게는 멸시를 당하면서도 자기를 포함한 죄인들을 위해 십자가에서 돌아가신 예수님을 전했다.

우리 현실은 어떠한가? 얼마나 많은 목사들이 예수님이 빠진 설교를 하고 있는가? 사람의 귀를 즐겁게 해주기 위하여 저속한 예화로 양념을 삼아 설교 비빔밥을 만들어 교인들에게 먹이고 있는 목사들이 얼마나 많은가? 설교 본문 잡아놓고 그 본문으로 예수님의 십자가를 바로 전하기 위해 기도하는 것보다 예화집 뒤적거리는 데 시간을 더 많이 보내지 않는가? 설교 시간이 예수님을 전하기에도 모자란데 교회 돈 쓰고 선교지 관광 갔다 온 이야기로 꽃피울 시간이 어디 있는가? 설교는 예수님의 증인 되라는 어명의 수행이다. 따라서 예수님이 빠진 설교를 하는 사람은 예수님의 어명을 어기고 있는 것이요 어명을 어기는 사람은 죄를 짓고 있는 것이다.

한국교회 강단에서는 모방 설교가 자주 흘러나온다. 이름이 뜬 목사들의 설교는 목사들 사이에 금세 유행이 된다. 그중 한국 목사들이 가장 오래 모방해 온 설교가 "주의 이름으로 축원합니다!"를 사용하는 설교다. 큰 교회 만들어 세계적으로 명성을 떨친 한국 목사 한 사람이 1960년대에 서울에 출현하여 그런 설교를 하였다.

설교의 중요한 대목에서나 설교를 끝맺을 때에 "주의 이름으로 축원합니다!"를 힘주어 외치는 것은 "아멘" 하라는 신호다.

그래서 그 신호가 떨어지면 회중은 예외 없이 힘차게 "아멘"을 한다. 그를 모방하는 것을 막을 사람이 없다.

그러나 축원은 기도에서 하는 것이지 설교에서 하는 것이 아니다. 설교에서는 하나님의 말씀을 '선포'하는 것이다. 성경으로 돌아가 보자. 구약의 어느 선지자가 설교를 '축원'으로 하였는가? 예수님께서 단 한 번이라도 축원으로 설교를 하였는가? 예수님의 제자들 중에서 어느 누가, 기독교 역사상 어느 설교자가 축원으로 설교를 하였는가? 없었다.

3. 대표기도

대표기도를 기도 순서에 넣는 자체가 예배의 경건미를 감소시킨다. 예배 인도자가 대표기도까지를 포함해서 예배 시종을 주도하는 것이 예배를 은혜롭게 만드는 길이다. 물론 그렇게 되면 교회 내에서 주인의식을 갖고 있는 교인이나 사람 앞에 나타나기를 좋아하는 집사나 장로들이 가만히 있지 않을 것이다. 그래서 교회 중진들의 비위를 맞춰주는 셈으로 연중 순번을 짜서 교회의 중진들이 대표기도를 하게 된 것 같다. 이왕에 그렇게 되어서 예배 인도자가 아닌 사람이 교인을 대표해서 기도한다고 하더라도 그 기도는 반드시 하나님께 드리는 기도여야 한다. 하나님께 드리는 기도는 성령님의 인도를 따르는 가식이 없는 기도여야 한다.

그러나 한국의 교회 실정에서는 그것이 힘들다. 특히 대형교회의 경우, 대표기도는 사실상 사람을 의식하여 사람 들으라고 하는 기도가 되고 말았다. 다듬고 다듬어 미사여구(美辭麗句)로 만든 작문을 낭독하는 것이 되고 만 것이다. 어떤 경우에는 다른 사람이 적어준 기도문을 읽기도 한다. 그 결과 대표기도 인도자는 하나님께 올리는 기도라기보다는 사람의 감각을 즐겁게 해주는 작문 한 편을 유창하게 낭독하게 된다.

어떤 기도 인도자는 아예 그런 기도문을 손에 들고 나오지만 어떤 인도자는 그것을 성경이나 호주머니 속에 감추고 강단에 올라가서 그 기도문을 꺼내기 전에 "기도합시다" 하여 교인들을 머리 숙이게 한다. 혹 머리를 숙이지 않는 교인이 눈에 띄면 "기도합시다"를 반복한다. 교인들이 다 머리 숙인 것을 확인하였을 때에 감추어 두었던 기도문을 소리 없이 잘 꺼내어 읽는다. "예수님의 이름으로 기도합니다"라는 끝부분은 안 보고도 할 수 있으니까 그 무렵에 와서 성경을 덮어 기도문을 감춘다. 대표기도를 마친 사람은 기도문을 감춘 성경을 갖고 강단에서 내려온다.

4. 예배 음악

교회가 세상에 영향을 주고 있을 때에는 교회 음악이 세상으로 흘러갔다. 그러나 지금은 세상이 교회에 영향을 주는 시대인지라

세속적인 음악이 교회에 들어와 신령한 음악을 몰아내고 있다. 세속적인 음악이 교회에 들어오면서 세상풍조도 교회 안으로 끌고 왔다. 이에 맞추어 세상풍조에 젖은 사람들이 교회 안에 들어와 교회를 세속화하고 있다. 북한 사람들이 예술(특히 음악)의 힘을 사용하여 국민정신을 공산주의 사상 안으로 끌고 가는 것과 비슷한 양상이다.

성경에서 권하고 있는 음악은 시와 찬미와 신령한 노래다(엡 5:19). 구약 시대에 히스기야 왕이 성전을 수리하고 성전 예배를 복원시킬 때에도 시와 찬미와 신령한 노래가 있었다(대하 19:25-30). 교회 갱신이니 예배 갱신이니 하는 소리를 자주 듣는데 그 소리는 예배 음악을 성경적인 음악으로 회복하자는 소리가 아니라 세속적으로 이를 개화시키자는 소리다. 세속적으로 개화시키자는 것은 개선이 아니라 개악이다.

지금은 많은 교회에서 시끄러운 악기가 동원되고 '락'(rock) 음악 비슷한 것이 들어와 예배 장소를 뒤흔들어 회중의 혼을 빼다시피 한다. 그 리듬과 박자는 영성을 불러일으키지 않고 관능을 자극한다. 그런 박자에 맞추어 움직이는 몸짓은 영성이 아닌 육체의 다른 부분을 자극한다. 찢어진 청바지 입고 교인들 앞에서 흔들어대는 찬양 팀의 음악은 예수님이 아니라 엘비스 프레슬리(Elvis Pressly)나 마이클 잭슨(Michael Jackson)을 연상케 한다. 젊은

이들을 놓칠까 봐 목사들은 대부분 이에 대해 침묵을 지킨다. 그래야 사람들이 모인다고 변명하는 목사들은 먼저 진지하게 하나님께 물어보고 그런 말을 해야 할 것이다.

5. 사도신경

사도신경은 좀 더 성서적인 교단 몇을 제외한 대부분의 한국정통교회 예배 순서에서 빠지지 않는다. 사도 시대에 있지 않았고 열두 사도가 편찬한 것도 아닌 이 문서가 말이다. 그들이 사용하거나 편찬한 것이라면 '사도'란 말을 거기 붙일 수도 있고 그런 문서라면 마땅히 신약성서에 들어 있어야 한다.

8세기경에 출현한 이 문서는 325년에 채택된 니케아 신경(信經, Nicean Creed)의 축소판이다. 이것은 기독교의 기본 신조를 간결하게 간추려 놓은 좋은 기독교 문헌이다. 그러나 이것을 사도들이 작성한 문헌으로 받아들일 수는 없다. 그리고 이것을 예배 때에 외우고 안 외우는 것으로 정통교회와 비정통교회로 구분하는 것도 잘못이다. 이것을 예배 순서에 '사도신경'이라는 항목으로 넣는 것은 이제 양심을 위해 그만두고 정히 넣고 싶거든 '신앙고백'이라고 고쳐서 넣는 것이 바람직하다.

만일 이 문서를 사도들이 작성하였다면 이 문서에 가감하지 말아야 한다. 그런데 우리말 사도신경에는 예수님께서 "십자가에

못 박혀 죽으시고" 다음에 나오는 "지옥에 내려 가셨다가"라는 문구가 빠져 있다. 물론 예수님께서 죽으신 다음에 "지옥에 가셨다"는 표현이 좋은 느낌을 주지 않기 때문에 그렇게 했겠지만 사도들이 편찬한 사도신경이라면 그 소중한 문서에서 한 마디라도 우리가 넣거나 뺄 수는 없는 것이다.

그러므로 사도신경이 신앙 초보의 문헌으로서의 가치는 인정할 수 있으나 이것을 사도들이 적어 놓은 것처럼 '사도신경'이라고 가르치거나 이를 예배 순서에 넣어서 꼭 예배 시간에 외워야만 한다거나 그것을 예배 순서에 넣지 않는 것을 잘못으로 지적하는 것은 당장 그쳐야 한다. 지금은 사람들이 많이 깨어서 교인들 가운데서도 사도신경의 진위를 알고 있는 사람들이 많다. 이런 때에 잘못된 문헌을 정통 문헌으로 고집하다가는 목사들이 교인들에게 발목 잡히기 쉽다.

6. 축도

축도는 축복기도(祝福祈禱)를 줄인 말이다. 그런데 언젠가부터 이것이 하나의 축문(祝文)이 되어 버렸다. 축문이 되다 보니 그것은 특정인에게 주어진 특권 행사가 되고 그러다 보니 축도를 할 때에는 축문 읽는 식으로 말을 변조해야 한다. 그래서 축도를 할 때에 보통 음정과 억양과 어조나 몸짓으로는 효과를 제대로 못

낸다. 그래서 축도를 할 때에는 어린 목사가 갑자기 노인 목소리를 내고 거룩하게 들리게 하기 위해 자기 음계를 벗어나 부자연스러운 소리를 낸다.

보통 양 팔을 들고 축도를 하는데 그 양상 또한 여러 가지다. 어떤 이는 팔을 자기 어깨 높이에서 45도 정도 위로 올리고 어떤 이는 자기 어깨 높이만큼만 올리고 어떤 이는 그 팔을 어깨 높이의 약간 아래까지만 올린다. 그리고 어떤 이는 팔꿈치를 쭉 펴서 힘있게 올리고 어떤 이는 팔꿈치를 구부린 채 힘없이 올리기도 한다. 어떤 이는 손바닥이 회중을 향하게 하여 착륙할 때의 기러기 날개 모양을 하고 또 어떤 이는 태권도 유단자처럼 손바닥을 날카롭게 펴서 회중을 향하게 하기도 한다.

어떤 이는 축도를 길게 하고 어떤 이는 짧게 한다. 어떤 이는 문법적으로 바르게 하고 어떤 이는 낙제 점수의 문장력으로 축도를 한다. 어떤 이는 축도에 너무 많은 수식어를 붙이다가 문맥을 잃고 헤매기도 한다. 어떤 이는 예수님의 이름으로 축도를 하고 어떤 이는 예수님의 이름을 빼놓고 한다. 알아들었든지 못 알아들었든지 축도 끝에서 회중은 습관적으로 "아멘"을 해야 한다. 축도를 받고 "아멘" 하지 않으면 그날 예배에서 축복을 받지 못하는 것으로 여기기 때문이다.

신약성서에 축도를 예배 끝에 하라는 가르침은 없다. 축도문 자체도 신약성서에는 없다. 현재 한국 강단에서 거의 공식화된 축도문은 고린도후서 13장 13절일 것이다. 바울 사도가 쓴 한 편지의 끝이다. 그러나 그것을 축도문으로 사용하라는 가르침은 성경 어디에도 없다. 그뿐만 아니라 원어상 이 성구에는 문장을 끝맺는 동사가 없다. 이 구절을 문자 그대로 번역하면 "주 예수 그리스도의 은혜와 하나님의 사랑과 성령님의 교제가 너희 모두에게…"로 끝난다.

축도에 압축되어 있는 목사의 권세는 대단하다. 특히 "있을지어다"로 끝내는 축도는 하나님의 축복을 목사가 내려주는 인상을 준다. 불경(不敬)에 가까운 "있을지어다"라는 이 말투는 성경 원어에 있지도 않다. 이 "있을지어다"라는 표현은 문법적으로 명령법이다. "예수 그리스도의 은혜와 하나님의 사랑과 성령님의 교통하심"이 누구에게 있으라고 명령하실 수 있는 분은 하나님뿐이다. 목사가 무엇이기에 하나님의 사랑과 예수님의 은혜와 성령님의 교통하심이 누구에게 있으라고 명령할 수 있겠는가?

그뿐만 아니라 우리말 성경 번역에 나오는 "너희 무리에게"라는 문구도 엉뚱하게 잘못 번역된 것이다. 성경 원어에는 "너희 모두에게"라고 되어 있다. 이 성구를 축도의 근거로 사용하는 것도 문제인데 목사의 재래식 축도문에 맞추기 위해 성경 원어까지 잘못 번역해서 쓰는 한국의 정통교회는 용납할 수 없다. 이런 잘못으로 사실상 축도하는 사람이 축복을 내리는 하나님이 되고 회중은 축복을 받는 자가 되어 "아멘"을 하게 된다. 이런 축도는 축도를 하는 사람이 권세의 기지개를 펴보는 것 외에 아무 뜻이 없다. 목사 안수를 선포하면서 "이제 내가 그대에게 축도권을 주노라" 하는 현장도 필자는 목격한 적이 있다.

지금 우리 목사들이 보편적으로 사용하고 있는 축도가 바울 서한인 고린도후서의 말미(末尾)라면 어찌 축도가 하나뿐이겠는가? 바울 서한이 13편뿐이라면 그 어느 서한의 말미를 축도로 사용해도 잘못이 없다. 그랬을 때에 축도문은 최소한 13개 나올 수 있다. 특히 데살로니가전서 5장 23절 같은 구절은 축도문이 되기에 조금도 손색이 없다.

> 평강의 하나님이 친히 너희로 온전히 거룩하게 하시고 또 너희 온 영과 혼과 몸이 우리 주 예수 그리스도 강림하실 때에 흠 없게 보전되기를 원하노라.

끝으로, 축도도 기도 중 하나라는 점을 지적하고 싶다. 기도라면 반드시 예수님의 이름으로 해야 한다. 그리고 축복기도는 하나님의 축복이 임하기를 비는 것이니 축도하는 자가 복을 주거나 명령하는 인상을 주는 "있을지어다"라는 말투는 당장 그만두어야 할 것이다. 그리고 축복기도 대상에는 기도하는 사람 자신도 포함시켜야 한다. 그러므로 "너희 무리에게"라는 언사를 사용하지 말고 "우리에게"라는 문구를 사용해야 한다. 축도하는 사람도 복을 받아야 하지 않겠는가.

축도는 해도 이롭지 않고 안 해도 특별히 해로울 것이 없다. 축도는 목사의 특권이 아니다. 신약성서는 축도를 명하지 않고 금하지도 않고 있다. 그러므로 예배 때에 축도를 하고 안 하는 것이나 누가 하는 것이나 어떤 식으로 하는 것에 대한 시비는 할 필요가 없다. 그러나 지금까지 내려온 관례를 생각하여 정히 고린도후서 13장의 말미를 축도로 사용하고 싶거든 성경 본문을 그대로 옮기는 것이 좋다. 쓸데없이 서투른 수식어로 뒤범벅을 하지 않는 것이 바람직하다.

제 **4**장

목사들이 앓는 유행병 진단

제4장 목사들이 앓는 유행병 진단

교회가 건강하려면 목회자가 건강해야 한다. 한국교회의 진단은 목회자의 진단에서부터 시작해야 한다. 진단이 필요 없는 목회자는 복 받은 목회자이다. 그러나 한국교회 목회자 중 과연 몇이나 이 진단을 피할 수 있겠는가?

성경이라는 의서(醫書)로 진단해 볼 때 참 목사는 섬기는 지도자여야 한다. '서번트 리더'(Servant-Leader)가 되어야 한다는 말이다. 이것이 예수님을 본받는 지도자다(고전11:1). 이 의서로 진단해 볼 때, 한국의 많은 목사들은 여러 가지 유행병을 앓고 있다. 여기서 그 대표적인 몇 가지를 급히 진단해 본다.

I. 구원 교리 착란증

예수님을 믿으면 하나님의 자녀가 된다(요 1:12). 하나님의 자녀가 되면 용서와 영생을 받는다. 하나님은 예수님을 믿어 하나님의 자녀가 된 사람에게 성령님을 그 마음 가운데 보내 주시어 하나님을 아버지라 부르게 하신다(롬 8:15-16; 갈 4:6). 구원의 교리는 이렇게 뚜렷하다.

이 간단한 구원의 교리가 갈기갈기 찢겨서 복잡하게 되었다. 옛

날 목사들은 예수님을 믿으라 하고 신식 목사들은 예수님을 영접하라 하니 구원의 교리가 어느새 둘이 되어 버렸다. 교인들은 이 둘 사이에서 말없이 방황하고 있다. 예수님을 믿어야 하는가, 영접해야 하는가? 이런 혼란은 목회자 자신의 구원관이 바로 서 있지 않기 때문에 오는 영적 질환이다.

1. 이 문제의 해결은 예수님을 '영접한 자들'과 '그 이름을 믿는 자들'이 두 부류의 사람들을 밝히는 데서부터 시작해야 한다. 즉, 영접한 자들(과거 시제)은 예수님을 살아 계실 때에 모신 사람들이요, 그 이름을 믿는 자들(현재진행 시제)은 예수님이 승천하신 후에 줄곧 예수님을 믿어오고 있는 사람들이다. 예수님 생존 시에 그분을 영접한 사람들은 시간적으로 앞서기 때문에 과거 시제로 표시하고, 예수님 승천 후에 예수님의 이름을 믿는 사람의 행동은 계속되고 있기 때문에 믿는 사람들에게 쓰인 동사는 현재진행형으로 되어 있다.

중요한 것은 '예수님을 영접한 사람'이나 '그 이름을 믿는 사람'이 다 하나님의 자녀가 된다는 사실이다. 그러나 이 문제에서 혼선을 피하기 위해서는 목사들이 분명히 알아야 할 것이 있다. 예수님을 '영접하여' 하나님의 자녀가 된다는 표현은 요한복음 1장 12절에 꼭 한 번 나온다. 그 후에 성경은 다 예수님을 '믿어서' 구원받는 것으로 일관하고 있다. 예수님 생존 시에는 사람들이 눈으로 볼 수 있고 손으로 만질 수 있고 음성을 들을 수 있는 예수님을 영접하여 구원에 이르렀고, 예수님께서 승천하신 후부터는 예수님의 이름을 믿어 구원을 얻게 되었다. 왜냐하면 하나님의 우편에 가 계시는 예수님을 어떻게 영접하겠는가? 또한 예수님을 영접한 모든 사람이 예수님을 한 분씩 모신다면 예수님이 몇 분이나 되어야 하겠는가?

그래서 깊은 사려 끝에 사도 요한은 승천하신 이 땅에서 예수님을 볼 수 없는 사람들은 예수님의 이름을 믿어 구원을 얻는다고 가르쳐 주고 있는 것이다. 예수님 승천 후부터는 구원의 교리가 "예수님의 이름을 믿는"이라는 말로 신약성서에 일관되게 정리되어 있다. 따라서 예수님 승천 후부터는 성경 어디에도 "예수님을 영접하라"고 소개한 곳이 없다. 대표적인 예로 바울 사도가 빌립보 유치장의 간수에게 전도할 때에 "주 예수를 믿으라"고 말한 사실을 들 수 있다. 예수님께서도 "하나님이 세상을 이처럼 사랑하사 독생자를 주셨으니 이는 저를 믿는 자마다 멸망치 않고 영생을 얻게 하려 하심이니라"고 하셨다.

2. '예수님의 이름을 믿는다'라는 말과 '예수님을 믿는다'라는 말의 차이를 간단히 살펴보자. 이 두 표현은 문자적 차이가 있을 뿐, 의미의 차이는 없다. 사람의 이름은 단순히 글자가 아

니라 그 이름을 가진 인물이다. 그러므로 예수님의 이름은 곧 예수님 자신이다. '예수님의 이름을 믿는다'는 말과 '예수님을 믿는다'는 말은 같은 표현이므로 호환적(互換的)으로 사용될 수 있다. 성경적인 실례로, 사도 베드로는 예수님의 이름이 앉은뱅이를 걷게 하였다고 말함으로 예수님과 예수님의 이름을 동일시하고 있다(행 3:16; 4:12). 그러므로 이제는 예수님을 '믿는다'라는 말과 '영접한다'라는 이 두 단어를 병용해서 교인들의 생각을 어지럽게 하는 것보다 예수님을 '믿는다'라는 말로 단일화해야 할 것이다.

3. 옳은 구원관도 중요하지만 구원을 체험하는 것이 더 중요하다. 특히 목사의 경우, "세상 죄를 지고 가신" 하나님의 어린 양 예수님을(요 1:29) '나의 죄를 지고 가신' 구주님으로 믿는 사람이라야 한다. 목사는 예수님께서 세상 죄를 지고 가실 때에 자기 죄를 지고 가신 사실에 감격해야 한다. 그리고 자기가 예수님을 죽인 자라는 사실을 가슴 아프게 느껴야 한다. 그래야 다른 사람에게 그 예수님을 소개할 수 있다. 목사는 그런 예수님의 증인이 되어야 한다.

따라서 모태신앙만을 가진 사람이 목사가 되어서는 안 된다. 왜냐하면 모태신앙은 본인의 신앙이 아니기 때문이다. 대리신앙(代

理信仰)도 본인 신앙이 아니다. 부모의 신앙으로 세례를 받은 사람은 자기 개인의 구원과 상관없이 세례를 받은 것이다. 성경적인 구원을 선포하려는 목사는 이런 비성서적인 모태신앙이나 대리신앙 개념을 버리고 '주 예수님을 믿어 구원에 이른' 사람이어야 한다.

그러므로 목사 소명을 갖고 신학교에 들어온 사람이 학교 채플 시간에 구원을 받은 실례도 있고 요한 웨슬리처럼 성직자 된 지 12년 후에 구원의 확신을 체험한 사람도 있다. 바람직한 사례들이다. 구원에 대한 확신이 없는 목사는 많은 사람들을 오도하고 있음을 알아야 할 것이다. 그런 사람은 동서남북 방향도 모르면서 사막에서 길을 인도하는 사람이나 맹인이 맹인을 이끄는 것과도 같다. 이것은 시정되어야 한다. 목사들은 구원의 교리와 구원의 확신을 가져야 한다.

Ⅱ. 소명감 결핍증

필자는 5달러 주고 구입한 목사안수 증서를 가지고 있는 사람을 만난 적이 있다. 85세 된 천주교 평신도인 그는 그것을 보여주면서 자기도 목사 노릇을 할 수 있다고 하였다. 필자는 그에게 2년 동안 전도하여 예수님을 믿고 구원을 받게 했다. 그 후 그는 유치원에 가는 어린아이처럼 주일이 되면 단정한 옷차림으로 기쁘게 인근 침례교회에 출석하다가 세상을 떠났다.

안수 증서가 목사를 만들지는 못한다. 목사는 하나님으로부터 직접 소명을 받은 사람이다. 그래야 하나님의 양을 칠 수가 있다. 왜냐하면 하나님은 그분께서 친히 부르신 목자들에게 당신의 양을 맡기시기 때문이다. 하나님께서 부르시지 않은 사람이 하나님의 양을 맡는 것은 담 넘어온 절도요 강도다.

목사로서 참 소명을 가진 사람은 자기가 맡은 하나님의 양을 위하여 목숨을 버린다. 이 소명 없이 목사가 된 사람은 삯꾼이요 절도요 강도다. 이런 사람들은 자기 생계나 출세를 위해 목사 노릇을 하면서 돈 더 받는 자리가 생기면 교회를 떠난다. 이민 목회의 경우에는 영주권을 얻기 위해 목사 신분을 취득하였다가 영주권이 나오면 어디론가 사라져 버리는 예도 있고 위장 목사가 되어서 막상 해보니 해 먹을 만하여 목회에 눌러앉는 예도 적지 않다.

구원의 체험도 개인적으로 해야 하는 것처럼 소명의 체험도 개인적으로 해야 한다. 부모의 권유로 목사가 되어서는 안 된다. 예수님께 직접 소명을 받은 가장 대표적인 사람이 베드로다. 그의 수명장면(受命場面)이 요한복음 20장 15-22절이다. 이것은 목회 수명장면의 표본이다. 예수님께서 베드로에게 그분의 양을 맡기시면서 그 양을 잘 먹이고 잘 돌보라는 소명을 주셨다

(요 21:15-22).

예수님께서 직접 뽑아서 훈련시키신 베드로였기 때문에, 베드로에게는 사람들로 구성된 목사시취위원회나 안수식이나 안수증서가 필요 없었다. 이런 것들은 목사 후보자를 익히 알지 못한 사람들이 그에 대한 적부와 진위를 가려내는 과정들이다. 예수님께서 직접 뽑아 세우시는 경우에는 그런 복잡한 절차가 필요 없었다. 그러나 최소한 목사 자신은 목사 소명을 확신하고 있어야 한다.

지금도 원칙적으로는 예수님께서 직접 목사로 불러 세우신 것을 확신한 목사에게 사람의 시취나 안수가 필요 없다. 19세기의 유명한 미국의 부흥사 무디(D. L. Moody) 선생은 예수님으로부터 받은 소명감이 너무 확실해서 안수를 받지 않고도 대서양 이쪽저쪽을 복음으로 흔들어 놓았다. 같은 무렵에 영국에서는 예수님으로부터 직접 부르심을 받았다는 스펄전(C. H. Spurgeon)이 인간으로부터의 안수를 거절하였지만 하나님의 능력으로 교인 7,000명인 런던에서 제일 큰 교회의 목회자가 되었다. 물론, 무디(Moody)나 스펄전(Spurgeon) 같은 경우가 드물기는 하지만 텅 빈 머리에 손 얹고 된 목사보다는 이 얼마나 깨끗하고 성경적인가?

값나가는 것일수록 모조품이 많듯이 고상한 목사 직분에도 위작(僞作)이 많다. 그래서 예수님께서 승천하신 후부터는 소명의 진위를 확인하고 공표하기 위하여 목사 시취와 안수례가 있어야 했다. 이런 절차 자체가 하나님의 소명 없이 목사가 되고 싶다는 사람들이 있다는 것을 전제로 하고 있는 것이다. 그래도 소명 없는 위장 목사가 속출하여 사람을 속이는 일은 얼마든지 있을 수 있다는 것을 말해 주는 것이다. 돈 좋아하는 목사들 몇 사람 매수해서 목사 안수를 받는 것은 그렇게 어렵지 않을 것이다.

어쩌다 보니 한국이 한때 목사 낙원이 되어 버렸다. 그래서 한국에 신학교가 많이 생기고 목사와 교회 수가 급증했다. 이것이 예수님의 부르심을 받은 사람들이 세운 참된 교회들이었더라면 얼마나 좋겠는가? 하나님의 양을 위해 목숨을 바치겠다는 목사들이 그렇게 많아졌다면 얼마나 자랑스러운 일이겠는가? 그러나 실은 목사라는 직분이 비교적 안전하고 수입도 좋고 존경받는 직업이기 때문에 그런 것이 아니겠는가? 무슨 수로든지 일단 목사가 되기만 하면 힘든 일 하지 않고 먹고살 수 있고 사회적으로는 당장 존경받는 계층에 올라서게 된다.

종교지도자들이 특별 대우를 받는 한국에서는 목사가 되는 것이 출세의 지름길이기도 하다. 어려운 고등고시를 통과하거나 오랜 경력을 쌓지 않고서도 목사고시에 통과해서 목사가 되기만 하면 안전한 종신직에 들어선다. 한때 한국에서는 결혼 대상자의 서열 중 의사 다음 갈 정도로 목사의 인기가 높았다. 그러자 목사 수가 급증하고 신학교 수도 폭발적으로 많아졌다. 지금은 그 수가 많아서 목사의 진위를 가리기 힘들다. 결과적으로 흉악범 중에도 목사들이 있게 되었다. 사기꾼 가운데에도 목사들이 있고 성범죄자들 가운데에도 목사들이 있다. 목사들을 성직자라고 알아주는 것은 이제 기독교 사회에서나 통하는 말이요 세간에서는 '목사질해서 먹고사는 직업인들'에 불과하다.

예수님께서 불러 세우신 목사는 하나님의 백성을 위하여 목숨을 버리는 사람이다. 하나님의 백성은 양같이 순진한 사람들이다. 그래서 교회를 "하나님의 양 무리"라고 한다(벧전 5:2-3). 목자만 바라보고 사는 양은 목자를 잘 만나야 한다. 하나님의 양은 하나님께서 예수님의 피로 사신 무리다. 하나님의 양은 하나님께서 세우신 목자가 먹이고 인도하고 보호해야 한다. 삯꾼이나 절도나 강도나 이리가 목자로 가장하고 양 우리에 들어왔을 경우 그 양떼는 물리고 찢기고 흩어진다.

목사가 되는 것을 출세의 지름길로 알거나 소명 없이 목사가 된 사람은 자기 교인들을 하나님의 양으로 생각하지 않고 잡아서 자기 밥상에 올려놓는 양으로 잘못 생각한다. 그런 사람들은 어쩌다가 교인들이 많이 생기면 잡아먹을 양이 많이 생기는 줄로 착각한다. 그런 사람들은 양의 수가 많은 것을 젖 짜 먹을 양이 많은 것으로도 생각한다. 그런데 이 세상에서는 어두움의 자식들이

빛의 자식들보다 더 영리하기 때문에 양을 잡아먹는 목사들이 오히려 교계의 요직을 점령하고 막강한 교권과 조직력을 가지고 예수님을 따라가며 고생하는 참 목자들을 짓밟는다. 예수님은 이런 목자들을 "독사의 자식들"이라 부르셨다.

한국교회에 필요한 것은 고급요릿집에 드나드는 기름진 목사나, 앞뒤에 빡빡하게 직함을 찍은 명함을 돌리거나 장터에 설교 녹음테이프를 한 광주리씩 갖다 놓는 목사나, 선교 명목으로 교인들이 바친 헌금을 통해 해외유람 자주 다니는 목사나, 원로목사니 공로목사니 하여 후임목사 부려먹는 목사나, 자기 자식 내세워 세습 목회를 하는 목사나, 긁어모은 재산 놓고 가족끼리 법정 싸움을 하는 목사가 아니라, 목숨 걸고 이리 떼거리에서 하나님의 양을 빼내오는 목사들이다. 그러다가 더러 죽는 목사들도 나왔으면 좋겠다.

예수님으로부터 받은 소명 없이도 얼마든지 유명한 목사가 될수 있다. 그런 사람들이 예수님의 이름으로 '선지자 노릇을 하며 귀신을 쫓아내며 많은 권능을 행할' 수도 있다. 그리고 그런 사람들이 굵은 교회를 만들 수도 있다. 그러므로 무지몽매한 이들이 그런 사람들에게 미혹을 당할 수도 있다. 이런 사람들은 예수님께 "내가 너희를 도무지 알지 못하니 불법을 행하는 자들아 내게서 떠나가라"고 책망하실 때까지 계속 세력을 펼쳐나갈 것이다.(마 7:22-23).

1. 교인을 모으는 방법에 있어서 진정한 소명을 받은 목사는 그물로 고기를 잡는 방식으로 전도를 한다. 그것이 예수님의 전도 방식이요 제자들에게도 그렇게 가르치셨다. 예수님께서 베드로와 안드레와 요한과 야고보를 부르실 때에 "나를 따라 오너라. 내가 너희로 사람의 어부가 되게 하리라"고 하셨다(마 4:17-22). 예수님의 부르심을 받은 베드로 일행은 그물로 고기를 에워싸는 방식으로 고기를 잡았다. 바로 그런 방식으로 사람들을 하나님 나라에 끌어들이게 해주시겠다는 것이 예수님의 의도셨다. 사랑의 그물 또는 인격적인 그물로 사람을 사로잡아 하나님 나라에 끌어들이는 사람들이 되게 해주시겠다는 것이었다.

그런데 '사람의 어부'(fishers of men)를 '사람을 낚는 어부'로 잘못 번역된 우리말 성경 때문에 전도 방식이 간사한 꾀가 되고 말았다. '낚는다'라는 말은 성경 원어에 없다. 그런데 우리말로 성경을 번역한 사람들이 원어에 없는 '낚는다'라는 말을 넣어서 번역함으로 예수님의 의도를 바꾸어 놓았다. 낚시질은 간계로 고기를 잡는 방식이다. 간계는 속임수다. 그래서 헬라말로 미끼(δόλος)라는 단어는 곧 간계라는 단어다.

미끼 속에 낚시를 감추어 고기 앞에 던지는 것같이 자기 교회로 이끌기 위해 사람들에게 선을 베푸는 것은 간계로 전도하는 것이다. 전도를 미끼로 해서는 안 된다. 밥 한 그릇 사주고 자기 교회에 나오라는 것이나 골프 한 라운드 함께 치고 예수님 믿으라고 하는 것은 너무 얕은 전도 방법이다. 그것이 간계다. 그런 속임수에 넘어갈 사람은 이제 별로 없다. 미끼로 키운 교회는 미끼로 망한다. 성경적인 방식이 아니더라도 교인 수만 늘리면 된다는 목사는 중병에 걸려 있는 것을 알아야 한다.

2. 목사는 목사 소명 못지않게 교회를 맡는 것도 하나님의 명에 따라야 한다. 교회를 하나님께서 정해 주신 사명지로 여기지 않고 식읍(食邑)으로 생각하는 인상을 주는 목사들이 있다. 그래서 밥술이나 먹을 수 있는 목회지가 생기면 출사표들이 쇄도한다. 유명한 교회를 맡으려면 교단 정치까지 해야 한다. 여러 교회를 거쳐 다니는 목사들은 교회를 물 건너가는 데 필요한 징검다리나 지붕에 올라가기 위한 사다리로 생각하는 것 같은 인상을 준다.

그런데 이런 풍조가 어느새 관례의 선을 넘어서 전통이 되어 버렸다. 그렇게 해야 하는 것으로 알고 아무도 이런 일을 문제 삼지 않는다. 머지않아 이런 풍조는 한국기독교계의 정통으로 굳혀질 추세다. 회사 사원 모집하는 식으로 목사 초빙 광고를 신문에 내고 이에 응한 사람들 가운데서 선발해 초빙된 목사가 어떻게 목사 구실을 하겠는가? 목사 초빙 공고라는 것이 사실은 목사 채용 광고인데 그런 광고에 응해서 초빙을 받는다는 것은 사실상 목사로 고용된 것이니 고용된 목사가 어떻게 교회를 제대로 인도하겠는가? 돈 더 주는 교회 찾아다니는 병도 목사들이 걸리기 쉬운 유행병이다.

Ⅲ. 대형교회 선망증(羨望症)

대형교회가 병들었는가? 앞서 말했듯이 병들었다. 그렇다면 대형교회를 선망하는 것은 병든 교회를 선망하는 것이니 이 역시 병이다. 성서적인 교회를 본받지 않고 병든 대형교회를 본받는 유행병이 한국 교계에 급속도로 만연하고 있다.

대형교회는 우선 성경적인 교회가 아니다. 성경은 대형교회를 사실상 금하고 있다. 그러나 현대 한국교회 목사들은 성경이 금하고 있는 대형교회 선망(羨望)하는 것을 목회 계획의 1순위로 삼고 있다. 그뿐만 아니라 대부분의 한국교회 목사들은 대형교회를 만드는 것과 목회 성공을 같은 것으로 보고 있다. 이것이 무서운 유행병인 사실을 알려 하지도 않는다.

1. 초대 예루살렘 교회가 대형교회 되어 가고 있을 때에 하나

님께서 그 교회가 대형교회 되는 것을 막으셨다. 그 교회는 다락방에 모인 120명에게 성령님께서 임하시니 그들이 권능을 받아 하루에 3,000명이 구원받는 역사가 일어나 남자만 5,000명이 될 정도로 큰 교회로 급성장하고 있었다. 여자까지 합치면 그 교회의 전체 장년 교인 수는 적게 잡아도 12,000명은 족히 되었을 것이다. 한 교회가 그렇게 큰 교회로 성장하는 것을 하나님께서 기뻐하셨더라면 그 교회가 오늘의 대형교회 규모로 능히 성장하였을 것이다.

그러나 하나님께서 그 교회에 핍박을 보내시어 사도들만 남고 모든 교인이 사방으로 흩어지게 하셨다. 대내적으로 사랑이 넘치고 대외적으로는 모든 사람에게 칭찬을 받으면서 날로 성장하던 그 교회를 왜 하나님께서 그렇게 흩으셨던 것인가? 그것은 그 교회가 예수님께서 승천하시면서 제자들에게 명하신 "예루살렘과 온 유다와 사마리아와 땅 끝까지 이르러 내 증인이 되리라"고 하신 명을 깜박 잊고 있었기 때문이다. 만일 하나님께서 그렇게 흩으시지 않으셨더라면 예루살렘 교회도 오늘날의 한국 대형교회 같이 커서 부패하고 말았을 것이다.

예루살렘 교회도 오늘날의 대형교회가 걷고 있는 그 길을 갈 뻔했다. 좋은 의도에서 그랬을 것이다. 날로 늘어나는 교인들을 수용하는 일과 은혜 받은 교인들이 바치는 많은 물질을 수용하기 위하여 사도들까지 동원되었다. 이런 일에 대한 전문 지식이 없는 사도들이 최선을 다했지만 교회는 술렁이기 시작했다. 우선 헬라 계통 교인들과 히브리 계통 교인들 간에 파벌 대립이 생겨 교회 안에 불화가 조성되었다.

불화는 분열을 가져오는 것이다. 이것은 하나님께서 원하지 않으신 것이다. 그래서 하나님은 그 교회에 큰 핍박을 보내 성령님이 충만한 교인들을 사방으로 흩으시고 그들은 간 곳마다 예수님의 증인이 되게 하셨다. 마치 이글이글한 숯불을 마른 풀밭에 흩어버리는 것같이 성령님의 충만함을 받은 예루살렘 교인들이 원근 사방에 흩어져 복음을 전하게 된 것이다. 다시 말하거니와 대형교회나 초대형교회는 성서적이지 않다.

2. 한국의 대형교회를 몇 가지로 구분해 보자. 교회 크기에 대한 공식적인 기준은 없지만 필자 나름대로 구분해 본다면 한국의 경우에는 개척교회, 소형교회, 중형교회, 대형교회, 초대형교회 등 다섯 등급으로 대략 가려 볼 수 있다. 개척교회는 한 가족 크기로서 교인 서로가 가족같이 귀히 여기는 단체이지만 존립에 대한 확신이 서 있지 못한 교회다. 소형교회는 교인 100-1,000명 되는 청년교회라 볼 수 있다. 그리고 중형교회는 교인 1,000-10,000명이 되는 중년교회다. 대형교회는 교인 10,000-50,000

명, 초대형교회는 교인 50,000명 이상의 교회로 부패일로에 있는 노년교회다.

담임목사는 자기가 맡은 교인들의 형편을 알아야 영적으로 돌볼 수가 있다. 선한 목자는 자기 양을 안다고 예수님께서 말씀하셨다. 아무리 기억력이 좋은 목사라도 1,000명 이상의 교인의 이름이나 처지를 알고 있기는 어렵다. 교인들이 너무 많아 인격적으로 다루지 못하면 숫자로 취급하게 된다. 교인을 숫자로 취급하기 시작하면 교회가 기업체로 변질되게 된다. 그렇게 되면 경영전문가가 행정을 해야 한다. 그러면 교회가 영성을 잃고 숫자와 손익과 확장과 사치와 선전에 주력하게 된다. 그런 교회는 대기업의 경영 방식을 도입해야 한다.

대형교회는 교인들을 영적으로 질식시키고 있다. 대형교회는 모판이나 묘포나 콩나물시루와 같다. 모판에서 벼를 수확할 수 없고 묘포에서 과일을 딸 수 없고 콩나물시루에서 콩을 거두지 못한다. 모는 모판에서 나무는 묘포에서 넓은 데로 옮겨 심어야 자라서 결실하고, 콩은 밭에 드문드문 심어야 좋은 수확을 거둘 수 있다. 교인들을 영적으로 질식시키고 있는 교회가 작은 교회로 분산되어 여러 교회가 되면 교인들이 생기를 얻게 될 것이다. 즉, 10,000명인 교회를 분산시키면 500명인 교회 20개가 생긴다. 30,000명인 교회에서는 500명인 교회 60개가, 50,000명인 교회에서는 500명인 교회 100개가 나올 수 있다. 그러면 교인들은 영적 질식에서 깨어날 수 있다.

교인 질식 현상은 중형교회부터 시작된다. 중형교회 단계에서 주의하지 않으면 대형교회나 초대형교회에 이르러서는 교회가 범죄의 소굴로 전락한다. 초대형교회는 대도(大盜)가 대인 대우를 받게 된다. 교회에서 행세하는 대도들은 국가 권력과 결탁이 되어 부정 축재한 것으로 교회를 부강하게 만든다. 그럼에도 요즈음 초대형교회 목사들은 자기 교인 가운데 재벌과 고급 관료와 장성급이 몇이나 출입하느냐로 서로 어깨를 겨룬다. 그리고 담임목사들은 교회 운영이 이들의 헌금에 달려 있기 때문에 이들의 부정을 시정해 주지 못하고 있다. 이런 실정에 대해서는 신문과 TV가 자주 보도하고 있기 때문에 구구한 설명이 필요 없다.

결과적으로 대형교회는 기업체로 전락할 수밖에 없다. 복음으로 사람을 변화시키는 영적인 사명을 수행하는 것이 아니라 '사업'으로 명성을 떨치는 것이 대형교회가 하는 일이 되었다. 교회에서 쓰고 있는 용어들이 새것으로 많이 바뀌었다. 전도사업이니 사회사업이니 선교사업이니 하는 식으로 교회의 '사역'이 '사업'으로 개칭되었다. 대형교회가 대기업체로 변했다는 말이다. 초대형교회 목사들은 흔히 성경대로 바르게 살아보려고 발버둥치는 작은 교회들을 '구멍가게'라고 무시한다. 작은 교회가 구멍가게라면 대형교회는 큰 슈퍼마켓임을 자처하는 것이 아니겠는가? 이 것은 큰 병이다. 탄식할 일이다.

그뿐만 아니라 대형교회는 개척교회나 작은 교회들에게 말할 수 없는 타격을 주고 있다. 왜냐하면 대형교회들은 주로 기성 교인들의 수평 이동에서 이루어지는데 그 대형교회들은 강한 지남철이 되어 약한 작은 교회 교인들을 마구 빨아들인다. 대형교회 하나가 생기면 인근에 있는 수많은 작은 교회들은 대형교회에 흡수당해 없어진다. 부요해진 한국 사람들은 크고 화려하고 편이한 신앙생활을 원하는데 그런 교인들에게는 화려한 대형교회가 적격이다. 그래서 사람들은 대형교회로 몰린다. 결국 착한 교인들이 부패한 대형교회로 빨려 들어간다.

그리스도인들은 그리스도의 군대다(딤후 2:3). 교회들은 그리스도 군대의 단위부대다. 일선에서 고전하는 작은 부대를 큰 부대가 지원해 주어야 한다. 최전방 소대가 약해지면 전방이 무너진다. 전방이 무너지면 국방이 무너진다. 국방이 무너지면 나라가 무너진다. 대형교회가 작은 교회 성장을 도와주지 않고 그 성장을 저해하는 것은 큰 부대가 작은 부대의 강해지는 것을 막는 것과 다를 바가 없다.

한국의 대형교회들은, 생색내는 국외 선교는 천하가 떠들썩하게 하면서 신학교를 갓 나와서 셋집 얻어 교회를 개척하며 고생하는 목사들의 고통은 외면하고 있는 것 같다. 대형교회 목사 한 사람의 휴가비나 판공비나 무형적으로 들어오는 돈만으로도 수십 교회를 도울 수 있을 것이다. 대형교회 목사들이 받는 각종 사례금과 축의금만으로도 무수한 개척교회들을 도울 수 있을 것이다. 작은 교회를 무시하거나 돌보지 않는 대형교회 목사들은 예수님께서 아끼시는 '적은 무리'를 무시하고 핍박하는 죄를 범하고 있는 것이다.

Ⅳ. 목사상 저하증(牧師象 低下症)

아프리카의 나이지리아 속담에 "자주 나타나는 사자는 표범 대우를 받는다"라는 말이 있다. 수수한 말로 표현하면, 위풍 좋은 사자도 자주 보이면 표범 수준으로 품격이 떨어진다는 말이다. 목사는 하나님의 부르심을 받은 거룩한 존재다. 천사가 흠모하는 직분을 맡은 엄위한 존재다. 그래서 목사는 불신자 중에서도 일종의 도인(道人) 대우를 받아왔다. 한때는 사람들이 목사 건드리면 천벌 받는 줄로 알기까지 하였다. 그래서 일제 강점기(强占期)에 형사들은 목사를 취조할 때 정중히 인사부터 했다고 한다. 이렇던 목사상이 저하된 원인 몇 가지를 알아보자.

1. 목사상은 목사의 수가 많아진 데서 떨어지기 시작했다. 신

학교가 종합대학으로 된 때부터는 신학 졸업생들이 매년 홍수같이 쏟아져 나오고 이에 따라 목사의 수도 급증해 왔다. 믿을 만한 통계에 따르면 한국에 약 60,000개의 교회가 있고 130,000명의 목사가 있다고 한다. 목사의 수는 해마다 10,000명씩 늘어나고 있는 형편이다. 목사의 수가 늘어나면서 사회 각 분야에서 목사의 출현이 잦아지게 되었다.

목사의 수가 많다 보니 각종 범죄인들 가운데도 목사들이 나타나고 이런 일들은 여러 매개체를 타고 심심찮게 보도되고 있다. 목사가 교인과 싸워 법정에 서기도 하고 목사끼리 고소를 주고받기도 하고 교회의 돈을 떼어먹다가 법망에 걸리기도 하고 성범죄로 고소당하기도 하여 교회를 쑥대밭으로 만든 사례까지 생기고, 퇴직하면서 거금의 퇴직금을 요구하다가 승강이하는 일들이 기자들을 바쁘게 만들고 있다. 그래도 아직 좋은 목사가 많다는 것이 다행이기는 하지만 한국교회의 목사상이 전반적으로 많이 저하된 것만은 부인할 수 없다.

2. 목사상 저하증은 주로 물욕과 명예욕과 장수욕에 잘 나타나 있다. 지금은 세속화된 목사들의 삶과 일반 시민들의 생활에서 큰 차이를 볼 수 없다. 목사가 세속화되는 것은 영적인 병이다. 물욕을 안고는 목회를 바로 할 수는 없다. 아무리 시대가 변했어

도 먹고살기 위해 목사가 되는 것이 목사가 가야 할 길은 아니다. 물욕을 앞세우는 목사는 직업을 바꾸어야 한다. 목사들의 뒤틀린 물질관은 1960대 초반부터 급부상하였다. "우리도 한 번 잘 살아 보세!"라는 군사정권의 새마을운동 구호에 맞추어 목사들도 한 번 잘 살아 보자는 사람들의 대열에 끼어든 것이다. 그 결과 목회해서 잘 먹고 잘사는 것이 목회의 성공이고 아무리 충실히 목회를 했어도 경제적으로 유족하지 못하면 목회의 실패로 인정하는 한국교계가 되어 버렸다.

필자는 신학교 재직 당시 주말이면 학생 전도사들이 시무하는 지방교회에 가서 설교를 자주 했다. 공주 근방에 있는 한 산중 교회에서 주일 설교를 마치고, 오후에는 그 동네에 사는 40대 여자 무당에게 가서 전도를 하게 되었다. 그 교회 담임 전도사의 부탁으로 그렇게 했다.

당시 많이 유행하던 개인 전도법에 맞추어 열심히 복음을 전한 뒤에 그 무당에게 예수님을 믿으라고 권면했더니 거들떠보지도 않은 채 무당은 말했다. "다 같이 벌어먹고 사는 처지에 뭘?"그 말을 해석한다면, "목사는 목사질해서 먹고살고 무당은 무당질해서 먹고사는데 누가 누구더러 이래라 저래라 해?"일 것이다. 무당질해서 먹고사는 것이나 목사질해서 먹고사는 것이나 벌어먹고살기는 마찬가지라는 말이다. 불신자들의 눈에는 점쟁이가 복채 받아먹고 사는 것이나 목사가 연보 거두어 먹고사는 것이 다르지 않다는 뜻이다.

목사가 아무리 내로라하고 돌아다니며 자신을 가리켜 하나님의 종이니 성직자니 하며 목소리까지 변조해도, 세상 사람들의 눈에는 그저 목사질해서 밥 벌어먹는 사람으로밖에 보이지 않는다면 이것은 많이 저하된 목사상이다. 지난 50년 동안, 한국의 목사상은 계속 추락해 오고 있다. 큰 교회 목사는 재벌처럼 되어 유행과 사치의 첨단을 걷고 세 얻어서 개척한 작은 교회 목사들은 구멍가게 주인 신세를 면치 못하고 있다. 어떤 목사들은 작은 교회를 개척하여 돈 받고 팔기까지 하는데도 이런 일들은 이제 아무 문제가 되지 않는 것 같다.

이것이 원래의 목사상은 아니었다. 목사들과 교회가 세속화되기 전까지는 목사는 하나님의 명령에 따라 교회에 부임하고 교회도 하나님의 명에 따라 목사를 모셨다. 목사는 교인들을 하나님의 양 떼로 알고 목숨 걸고 돌보았고 교회는 목사를 하나님의 사람으로 알고 모시고 따랐다. 그러나 목사와 교회 사이에 있던 이런 신령한 관계는 이제 찾아보기 힘들다. 물질적으로 잘 살아 보자는 세속주의가 이런 비극을 가져왔다. 나라가 경제적으로 부강해진 것을 누구를 탓하겠느냐마는 목사들이 물욕을 앞세우고 세속에 빠지는 것은 심각한 일이다.

3. 목사상 저하증은 목사들의 명예욕 때문이기도 하다. 그 대표적인 예가 목사들이 즐기는 박사 학위다. 근일에 와서는 생활이 안정된 목사 치고 박사 학위 없는 사람이 드물 정도다. 목회하는 목사들이 갖고 있는 박사 학위 가운데는 목회학 박사와 철학 박사와 명예박사와 가짜 박사가 있는데 이 중에서 가짜 박사 학위가 상당한 비율을 차지하고 있다.

미국 내에 이런 학위 공장(diploma mills)이 200개가 넘게 있다고 한다. 그중에 절반이 캘리포니아(California) 주에 있다는 것이다. 인쇄 공장에서 선전지 찍어내듯 각종 학위를 찍어내어 파는 일종의 음성 기업이 학위 공업이다. 어떤 공장에서는 교회나 어떤 시설을 빌려서 야간 학생 몇 사람을 가르쳐 박사 학위를 줘서 내보내기도 하고 어떤 경우에는 자기 아파트에서 학위를 찍어서 우편으로 매매하기도 한다. 그런데 이런 학위가 대부분 목사들에게 팔리고 있다는 사실을 몇이나 알고 있을까!

25-50,000달러까지, 이런 학위 공장에서 파는 학위 가격은 여러 층이다. 그 가운데는 의학박사 학위도 있다. 출판의 자유와 상업의 자유가 보장되어 있는 미국에서는 합법적으로 이런 일을 감행할 수 있다. 이렇게 사들인 박사 학위들을 버젓이 목사 사무실에 걸어 놓고 그런 박사 가운 차림으로 찍은 사진이 그 옆에 걸려 있다. 이에 수반해서 박사 학위가 붙은 명함을 찍어서 돌리는

목사들의 모습에서는 종의 모습으로 오신 예수님의 제자 티가 전혀 나지 않는다.

미국과 캐나다의 신학교 인준 기관인 ATS에서 인정받은 정당한 박사 학위(Ph.D. , Th.D. , Ed.D. 등)는 취득 기간이 3-5년이다. 이런 박사 학위는 학문적 학위(academic degree)이기 때문에 8시간에 걸친 박사원 입학 자격 시험을 통과해야 한다. 영어가 모국어가 아닌 사람들은 TOEFL 시험과 영어 아닌 외국어 2개의 시험에도 합격해야 하고 2년간의 자기 분야의 연구 발표를 매주 한 번씩 해야 한다. 논문 자체에 걸리는 시일은 최소한 1년이다. 논문 자체도 박사 논문은 dissertation으로 석사 논문은 thesis로 엄격히 구분되어 있다.

목회학 박사 학위는 목회 현장에서 관찰하여 얻은 학위다. 이 학위도 ATS의 인준을 받은 학교에서 받은 것이라야 참 학위다. 원래 이 학위는 1년 동안에 마치게 되어 있었다. 그리고 당초에 이 학위가 생길 때에는 현직 목회자만 학위 과정에 들어갈 수 있었다. 그리고 이 학위는 개인의 목회 현장에서 관찰한 것을 토대로 주는 실용 학위이기 때문에 논문도 학위 논문이 아닌 프로젝트(project)라 칭한다. 그리고 이 학위를 갖고서는 원칙적으로 교수를 할 수 없게 되어 있었다. 그러나 목회학 박사 소지자 수가 훨씬 많아서 학문적 박사 학위 소지자보다 더 널리 알려지고 또

'목회를 잘했기 때문에 목회학 박사가 된' 것처럼 잘못 알려져 일반 교인들은 이 목회학 박사를 어렵게 취득한 학문적 학위보다 더 높이 평가하고 있다.

최근 여론조사에 따르면 목사의 신용도가 약사나 간호사 뒤로 처진다고 한다. 그 결과 천주교가 한국 종교단체에서 신임도 1위를 차지했고 불교가 그 뒤를 쫓고 있다. 그렇게 많은 분열과 분쟁과 법정 투쟁과 학위 공장의 박사 학위 소지자 수의 증가 등이 목사상을 절하시켰고 목사들 자신이 사랑 안에 하나 되게 하라는 예수님의 명령을 어기고 있는데 사람들이 어떻게 믿고 따르겠는가? 기독교가 생명력을 잃고 단순히 종교 중의 하나로 내려앉고 있다. 이런 일들이 다 사실이 아닐 수도 있겠지만 목사 자신들이 어느 정도는 이를 시인하고 목사상 회복을 위해 노력해야 할 것이다. 목사상을 하락시킨 것이 목사들인 이상 이를 회복시키는 것도 목사들의 몫이다.

V. 서시병(西施病)

이런 병은 의서에 없다. 필자가 만들어 낸 병명이다. 춘추시대의 절세미인 서시가 속상한 일이 있어 얼굴을 찌푸렸는데 이것을 본 한 추녀가 똑같이 하면 미녀가 되는 줄 알고 자신의 얼굴을 찌푸리니 더 추해 보였다는 성어고사(成語故事)가 있다. 유명한 사람을 모방하는 풍조가 전염병처럼 휩쓸고 있는 가운데 목사들도 유명한 목사를 흉내 내는 병이 있다. 모방은 남을 흉내 내는 비정상적인 행위이다. 사람이 자기의 언행을 떠나서 다른 사람의 언행을 따라가는 병이다. 그런 의미에서 한국인 목사들 가운데 이 모방병에 걸린 수는 놀랄 정도다. 목사들이 걸린 모방병에는 크게 두 가지가 있는 것 같다.

1. 작은 교회 목사들이 대형교회 목사들을 모방하는 것이다. 이 유행병에 걸린 목사들은 대형교회 목사들을 흉내 낸다. 큰 교회 갖기를 원하는 목사들은 "너는 나를 따르라"고 불러내신 예수님을 본받지 않고 옷차림이나 설교 스타일 심지어 사투리 말투까지 대형교회 목사들을 흉내 내고 다닌다. 그 대표적인 예가 설교 중간이나 끝맺는 데서 사용하는 "주의 이름으로 축원합니다!" 또는 "주 예수의 이름으로 축원합니다!"라는 말투다.

지금은 국내외를 막론하고 큰 교회를 원하는 한국 목사들이 요술 방망이처럼 이 말투를 사용하고 있다. "주의 이름으로 축원합니다"라는 이 말투는 이제 큰 교회를 꿈꾸는 수많은 한국 목사들이 설교 중간이나 설교 끝맺을 때 사용하는 필수적인 문구가 되어 버렸다.

이 말은 '아멘' 버튼처럼 되어 있어 그 소리가 목사 입에서 떨어지면 회중은 예외 없이 "아멘"으로 화답한다. 축원은 기도에서 하는 것이다. 설교에서는 하나님 말씀을 풀이하여 청중에게 선포해야 한다. 더러 유명한 목사를 흉내 내면 자기도 유명해지는 줄로 잘못 알고 있는 것 같다. 이것은 마치 원숭이가 사람 흉내를 내면 사람이 되는 줄로 잘못 아는 것과 같다. 이런 사람을 가리켜 목욕한 원숭이가 갓 쓰고 나선다고 한다(목후이관, 沐猴而冠).

목사들은 마땅히 예수님을 본받아야 한다(고전 11 : 1). 설교에 있어서도 어느 사람을 본받지 말고 예수님을 본받아야 한다. 예수님께서 설교하시면서 '축원한다'라는 표현을 단 한 번이라도 하셨던가? 예수님의 제자 중 어느 누가 그런 식으로 설교를 하였던가? 구약의 어느 선지자가 그런 식으로 하나님의 말씀을 선포하였던가? 그런 일은 없었다. 그런데 목사들이 그 핵심 사역인 설교에서 예수님과 그 제자들을 본받지 않고 돈 잘 버는 목사들을 본받는 것은 신앙적인 탈선이다. 이런 탈선이 이미 한국 목사들에게 관례가 되어 버렸다. 이런 폐습은 성령님의 방역 작업으로 속히 구제(驅除)해야 할 염병이다.

많은 대형교회 목사들은 살았다는 이름은 있으나 실상은 죽은 자들이다. 그들에게 목사로서의 생명은 없다는 말이다. 그 권좌에 앉아 금력을 쥐고 향락을 누리면서는 도저히 예수님을 본받을 수가 없다. 예수님을 따르지 않고 세상의 부귀를 따라가는 목사는 종교 기업가다. 성직자라는 미명으로 거액의 납세를 합법적으로 피하고 있는 사람들을 어찌 목사라고 부르겠는가? 위대한 목사라고 업적을 내세우는 목사들일수록 성서에서 이탈한 설교를 많이 한다. 예수님께서는 그런 사람에게 그분의 이름을 함부로 남용하라고 주신 적이 없으시다. 예수님은 그런 목사들을 전혀 아신 바 없으시다(마 7:23).

종교 기업가가 되어 있는 대형교회 목사들은 어쩔 수 없이 목회를 기업적으로 해야 한다. 그렇게 되면 교회는 기업체로 전락한다. 교회가 기업체로 전락하면 교인 하나하나가 천하보다 귀한 영혼이 아니라 수입 단위가 되고 만다. 교인들이 수입 단위가 되면 돈 많이 내는 교인들은 우대를 받고 돈 적게 내는 교인은 천대를 받는다. 돈 많이 내는 교인은 소위 신급(信級)이 올라가고, 정성껏 십일조를 내더라도 액수가 적은 교인은 알아주지 않는다.

2. 요즈음 목사들이 한참 모방하고 있는 것이 소위 "주여" 삼창이다. "주여! 주여! 주여!" 이 삼창은 예배를 시작할 때나 소위 합심기도를 시작할 때 외치는 소리다. "주여" 삼창도 모자라서 어떤 곳에서는 "주여" 칠창까지 하는 것도 필자는 목격했다. 목사들이 이상한 집회에 참석했다가 묻혀 온 이런 외침들은 일종

의 미신적인 주문(呪文)이요 성서적인 가르침이 아니다. 영적인 공백을 메우기 위한 위장일 수도 있다. 성서는 이런 관습을 사실상 금하고 있는 것이다. 답답한 심정이나 치밀어 올라오는 호소의 표현으로 하는 것이라면 이를 금할 자가 없다. 그러나 이것을 경건의 모양이나 기도 응답을 받는 격식이라고 교인들에게 가르치는 것은 잘못이다.

"주여" 삼창은 성서에서 나온 것이 아니요 잡신 숭배에서 나온 것이다. 엘리야가 바알의 선지자들과 대결할 때에 바알의 선지자들은 아침부터 정오까지 "바알이여 응답하소서!"를 반복하였으니 바알의 이름을 몇천 번은 불렀을 것이다. 그래도 바알이 응답하지 않자 오후 반나절에는 진언(嗔言)을 하며 칼과 창으로 자기들의 몸을 상하게까지 하였어도 바알로부터 응답은 받지 못했다. 그러나 엘리야는 "여호와여, 내게 응답 하소서, 내게 응답 하소서!" 하면서 여호와를 두 번 간절히 부르고 기도하여 응답을 받았다. "주여" 삼창이나 칠창은 하지 않았다(왕상 18장).

예레미야 때에 극도로 부패한 이스라엘 백성이 성전을 도적놈들의 굴로 전락시켜 놓고 예배로 모일 때에는 "이것이 여호와의 전이라, 여호와의 전이라, 여호와의 전이라!"는 삼창을 한 적이 있었다(렘 7:4). 그때 예루살렘의 성전은 하나님을 경배하는 거룩한 곳이 아니었다. 그곳에서 약한 자를 압제하고 살인하고 간음

하며 바알과 잡신들을 섬기는 자들이 모여 구호를 만들어 삼창한 것은 오늘의 목사들이 "주여" 삼창이나 칠창을 하고 교인들에게 그렇게 가르치는 것과 너무 많이 닮았다. 이런 잘못에 중독되는 것은 분명한 병이다. 목사들이 먼저 이런 병에 걸리지 말아야 하고 교회도 정신을 차려야 한다.

VI. 건강과민증

건강을 가장 많이 해치는 것이 건강 자체에 대한 과민이다. 이 것은 18세기 미국의 인물 벤자민 프랭클린(Benjamin Franklin)이 한 말이다. 그의 말은 21세기에 살고 있는 우리에게 더욱 현실적인 교훈이다. 요즈음은 병 고치기 위해 의사를 만나는 것이 당연하지만 병이 있는가 알아보려고 의사 사무실을 자주 출입하는 것은 병에 대한 과민 또는 공포심 때문이다. 의사를 자주 만나는 것은 자기가 환자일지도 모른다는 생각 때문이다. 이것은 확실히 건강에 대한 과민증에 눌려 사는 증거다. 그런 사람은 그러다가 결국 환자가 된다.

필자의 안식구는 신장이 좀 약한 사람이다. 7년 전까지는 3개월마다 한 번씩 피검사와 소변검사를 하고 담당 의사를 만나야 했다. 20-30가지의 검사 항목 중에서 비정상인 것은 대여섯 가지이고 나머지는 다 정상이다. 그러나 의사는 비정상적인 몇 가지만을 지적한다. 의사의 사무실을 나올 때마다 안식구는 실의에 빠진다. 의사를 만나러 갈 때의 초조한 마음과 만난 뒤의 걱정되는 마음을 연결시키면 연중 자신이 환자라는 지병 관념에 꼼짝없이 눌려 살았다.

그 후 경제적인 사정으로 부득불 월세가 좀 싼 아파트로 옮겨 살게 되었다. 병원과 의사도 바꾸어야 했다. 새로 옮긴 병원에는 각 과 의사들과 검사실과 입원실과 약방이 갖추어져 있었다. 안식구는 1년에 4번 의사를 만나 4번씩 침울해지는 대신에 2번 만나 의사의 격려를 받고 돌아오게 되었다. 그 병원 검사실에서는 "이 검사 결과가 기준치에서 약간 벗어날 수도 있습니다. 그것이 꼭 건강의 악화를 뜻하는 것은 아닙니다"라는 말을 첨부하여 검사 결과를 통보한다. 그리고 지금 의사는 약간 정상 수치에서 어긋난 검사 결과를 놓고서도 "괜찮습니다. 걱정하지 마세요" 하며 환자를 격려해 준다. 지금은 안식구가 의사를 만나고 나오면서 자기 건강에 대한 자신감을 갖게 되었다. 자기 병에 대한 과민증에서 벗어나 기쁜 생활을 하고 있다. 사실상 그러면서 그의 건강은 호전되고 있다.

게다가 이번에 입주한 노인 아파트에는 매일 단체 체조 시간이 있고 미니 골프(mini golf)와 볼링(bowling)이 일주일에 두 번씩이나 있다. 안식구는 이런 운동에 빠지지 않고 동참한다. 그뿐 아니라 거동이 불편한 노인들을 도와주는 일까지 하고 있다. 최근에는 우리 안식구가 필자와 탁구를 친다. 물론 필자가 3:0으로 매번 이기지만 이런 생활이 안식구의 마음에 기쁨을 안겨 주고 병에 대한 생각을 잊게 해준다. 말하자면 병 관념의 압박에서 풀려나온 것이다. 그의 건강은 계속 좋아지고 있다.

국민 생활이 유족해지고 난 다음부터 한국인들의 병에 대한 공포가 아주 커졌다. 살기 좋은 세상이 왔으니 오래 살아야겠다는 생각이 커진 것이다. 오래 사는 것을 막는 병에 대한 관심이 너무 많아지고 그 관심이 공포로 바뀐 것이다. 젊어지게 해준다는 약의 수는 날로 늘어가고 젊어 보이게 해준다는 성형수술도 남녀 간에 여드름 짜는 정도로 흔하게 되었다. 그 가운데는 늙은 목사들도 심심찮게 끼어 있다.

날이 갈수록 의학은 사람들의 마음속에 죽음에 대한 공포를 심어 준다. 예를 들면 의학계에서 심장병과 폐질환과 대장암과 위암과 전립선암과 유방암을 조용한 살인자라고 경고한다. 이런 병들은 증상 없이 발병해서 조용히 악화되어 사람의 목숨을 앗아간다고 한다. 이런 병들이 증상을 보였을 때에는 이미 고치기 어려운 단계에 와 있다는 것이다. 그래서 의사들은 아프지 않아도 이런 기관(器官)에 대한 정기 검진을 받아야 한다고 권장한다. 고마운 권장이다. 그러나 이런 의학 지식이 일반적으로 확산되면서 사람들은 건강에 대한 과민증에 걸리게 되었다. 건강에 대한 과민증은 병에 대한 과민증이요, 과민증은 결국 사람을 죽음에 대한 공포 속으로 몰고 간다.

목사는 이런 공포를 정복하고 담대한 신앙을 교인들에게 보여 주어야 한다. 인간은 자기 할 일 다하기까지는 죽지 않는다는 확신을 교인들에게 보여 주어야 한다. 웬만한 병은 몸이 알아서 처리한다. 남의 병 낫기를 위해 기도하는 목사 자신이 병을 무서워해서는 안 된다. 그런 모습을 교인들에게 보여 주어서는 안 된다. 겁먹은 장수 밑에서 싸움을 어떻게 이기겠는가? 그래서 목사는 병을 앓아도 교인들 몰래 앓아야 한다. 목사는 줄지어 오는 문병객들을 자기 집에 못 들어오게 해야 한다. 담력을 보여 주어야 한다.

이와는 정반대로 건강과민증에 걸린 목사들은 보신이 된다는 약을 보면 사족을 못 쓴다. 보약을 많이 먹는 것은 죽지 않겠다는 것이요, 죽기를 싫어하는 것은 천당 가기를 싫어한다는 말과 무엇이 다른가? 장례식 설교를 하면서는 그렇게 좋다고 하면서 왜 자기는 천당에 들어가지 않겠다는 듯이 보약을 먹으며 쌍꺼풀까지 하고 다니느냐는 말이다. 건강에 대한 과민은 천당에 가는 것을 원하지 않든지 이를 지연시키고 싶다는 뜻이 아닌가? 안 죽으려고 애쓰다가 죽는 목사는 억지로 천당에 가는 사람이다. 건강과민증에 걸린 목사는 중병을 앓고 있다는 것을 알아야 한다.

제5장
침례와 세례 진단

제5장 침례와 세례 진단

이 문제에 대해서는 제1장에서 이미 그 역사적인 줄기를 말한 바 있다. 아직도 한국의 정통기독교에서는 비성서적인 세례를 정통으로 주장하며 이를 수호하기 위해 성경을 추리적으로 해석하여 많은 사람들을 오도하고 있으므로 이에 대하여 좀 더 상론이 필요하다.

예수님 당시에 유대인들은 그들의 선배들이 만들어서 전해 준 유전(遺傳=傳統=慣例)을 지키기 위해 하나님의 계명을 범하기도 하고 그것을 일부 폐하기도 하였다(마 15:1-6; 막 7:8-13). 다른 말로 하자면 예수님 당시의 정통 유대인들은 그들의 관례법인 구전법을 성문법보다 더 중요시한 경우도 있었다.

그와 같이 한국정통기독교를 대표하고 있는 주류교파들은 성서적인 침례를 버리고 그들의 조상들이 전해 준 세례를 베풀고 있다. 그들이 한국의 개신교계를 장악하고 있으니 한국에서는 성서적인 침례가 뒤로 밀리게 되었다. 달리 말하면 한국의 주류교파들이 예수님께서 친히 본을 보이고 제자들에게 명하시고 그 제자들이 전해 온 침례보다도 편법적인 세례를 베풀어 성경을 어기고 있다는 말이다.

심지어 한국에서는 한때 침례교회를 이단시하기까지 했다.

1957년 필자가 미국에서 침례교 신학교를 마치고 목사가 되어 귀국했을 때에 순천노회 소속 전도사 한 사람이 찾아와서 기쁜 소식이라고 하면서 필자에게 전해 준 말이 있었다. 그것은 그해 봄 순천노회에서 장로교 교인이 침례교 교인과 결혼하는 것을 허락하는 안이 통과되었다는 것이었다. 그 전까지는 성서적인 침례를 베푸는 침례교회를 이단시했다는 말이다. 이것은 단순히 웃어 넘길 일이 아니라 성서(聖書)라는 의서(醫書)로 철저히 규명해야 할 중요한 사안이다.

Ⅰ. 예수님은 세례를 명하지 않으셨다

침례를 명하셨다. 사도들은 예수님의 명에 순종하여 침례를 베풀었다. 세례를 베풀지 않았다. 세례는 예수님이나 사도들의 가르치심이 아니다. 세례는 사도들이 다 죽은 뒤에 2세기 중엽에 나타난 소위 "디다케"($\delta\iota\delta\alpha\chi\eta$)라는 저자 불명의 책자에서 나타나기 시작했다. 이 문서의 원명은 '열두 사도를 통해 주신 주님의 가르침'($\delta\iota\delta\alpha\chi\acute{\eta}\ \kappa\upsilon\rho\acute{\iota}o\upsilon\ \tau\ddot{\omega}\nu\ \delta\acute{\omega}\delta\epsilon\kappa\alpha\ \acute{\alpha}\pi o\sigma\tau\acute{o}\lambda\omega\nu$)이다. 그러나 앞서 지적한 바와 같이 이 문서는 사도들이 예수님께 받아서 기록한 문서가 아니다. 만약 이것이 주 예수님께서 제자들에게 내리신 가르침이었다면 마땅히 신약성서에 들어 있어야 한다. 하지만 신약성서에 그런 기록은 없다. 397년에 교부(敎父)들이 신약성서를 27권으로 최종 편찬할 때에 정경으로 인정받지 못해 신약성서에서 빠진 것이다.

역사적으로 이 문서는 침례를 침수(浸水)하지 않는 방식으로도 베풀 수 있다고 가르치는 첫 번째 문서다. 예수님께서 명하신 침례를 예수님께서 명하신 방식으로 받지 않아도 된다고 가르친 그 문서를 따라간다는 그 자체가 성서에 어긋난 것이다. 그런 문서를 따르면서 예수님과 사도들의 가르침을 따르지 않는 것은 예수님께 대한 항명이요 사도들의 가르침에서 어긋난 일이다. 이에 대한 변명은 있을 수 없다. 그래도 변명을 한다는 것은 과오를 되풀이하는 것뿐이다. 앞서 제1장에서 언급한 바와 같이 여기에 이 "디다케"에 있는 침례 관련 부분을 번역해서 소개한다.

침례는 성부와 성자와 성령의 이름으로 생수에서 주라. 그러나 생수가 없거든 다른 물에서 주라. 찬물에서 줄 수 없거든 더운물에서 주라. 이런 물도 저런 물도 없거든 성부와 성자와 성령님의 이름으로 머리 위에 물을 세 번 부으라(디다케 제7장).

사람들이 편법을 따라 예수님의 명하신 침례를 버리고 머리에 물을 붓는 예식으로, 물을 머리에 붓는 예식에서 물을 머리에 찍어 바르는 세례로 바꾸어 놓은 것이다. 다른 말로 하면 예수님의 명을 버리고 성명부지의 한 문서를 따른 것이 세례라는 것이다. 그런데 성경의 가르침에 위배된 이 세례에 대한 고집과 변명은 날로 강해지고 있어 성서의 가르침으로 돌아가자는 운동이 한국 정통교회 정통노선에서는 전혀 보이지 않는다.

침례를 약식으로 주면서도 서양 사람들은 잠긴다는 뜻을 버리지 않았다. '침례를 준다'라는 원어의 동사는 '밥티조'($\beta\alpha\pi\tau\iota\zeta\omega$)다. 그들은 이 원어를 소중히 여겨 감히 번역하지 않고 헬리어 자모를 대등한 영어 자모로 음역(音譯)을 하게 되었다. 그 결과, 헬라어 '$\beta\alpha\pi\tau\iota\zeta\omega$'를 영어의 '뱁타이즈'(baptize)로 만들어 사실상 영어 단어 하나를 만들기에 이르렀다. 심지어 일본 사람들도 침례라는 단어는 번역하지 않고 원어의 뜻을 살리기 위해 음역(音譯)하여 '바쁘데스마'라고 칭한다. 그런데 세례를 고집하는 교파들이 한국에 먼저 들어와 잠길 침(浸)을 씻을 세(洗)로 바꾸어 '세례'로 번역했고, 침례의 원 뜻을 자기들이 좋아하는 세례로 고쳐 놓고 그것이 옳다고 주장하고 변명하며 교인들과 자녀들에게 그렇게 가르치고 있다.

그리스도와 함께 죽고 그리스도와 함께 그 몸을 장사하는 뜻으로, 그리스도를 믿는 사람들이 물에 들어가 잠기고 그리스도와 함께 부활하는 표로 물에서 올라오는 거룩한 의식이 침례다. 그런데 성서적 침례를 성경의 가르침대로 물에 들어가지 않고 물을 머리에 찍어 바르는 약식 세례로 허락하는 이 편법이 기독교가 성서에서 이탈한 첫걸음이 되었다. 특히 세례가 죄를 씻는 예식으로 인식이 잘못된 다음부터는 아이들이나 임종 직전의 중환자의 죄를 씻어 주는 데 세례가 침례보다 훨씬 편리해 보였다. 이세례가 교부들의 인정을 받아 정통이 되어 로마교회의 의식이 되고 그것이 한국정통기독교 의식으로 이어진 것이다.

비성서적인 이 세례는 계속 힘을 얻어 16세기 종교개혁자들도 손을 댈 수 없는 정통이 되고 말았다. 중세 말엽에는 성서적인 침례를 주장하는 그리스도인들을 이단으로 몰아 죽였고 그 사형 집행 방법은 화형을 포함해서 극히 비인도적이었다. 그 당시의 잔인한 풍조에 익숙한 루터와 캘빈도 직접 또는 간접적으로 세례를 반대하는 그리스도인들을 무참하게 죽였다. 이들이 길러낸 사람들이 기독교 역사를 써서 후대에 영향을 끼쳤기 때문에 16세기의 종교개혁자들이 세례를 반대하는 사람을 학살한 내용은 역사에서 많이 빠져 있다.

종교개혁자들이 철저히 성서적인 개혁을 하기로 했다면 성경대로 믿는 자에게만 침례를 주되 성서적으로 물에 잠기게 했어야 한다. 그러나 그렇게 하려면 서부 유럽의 모든 사람에게 침례를 다시 주어야 했다. 왜냐하면 서부 유럽의 모든 시민이 다 세례를 받았기 때문

이다. 그렇게 되면 그들이 수행하고 있던 종교개혁 자체가 위태로워
질 지경이었다. 이런 상황을 감안할 때 그들의 입장은 충분히 이해하
지만, 성서로 돌아가겠다는 그들이 성서적으로 침례를 주장하는 사
람들을 무참하게 죽인 것은 전혀 하나님께서 기뻐하실 일이 아니다.

　이런 신앙 줄기가 한국에까지 뻗어 와서 한국에서도 주류 세력
을 형성하고 있다. 그러나 국제 교류가 확대되어 세계에서 제일
큰 기독교단체인 미국 남침례교단의 영향이 한국기독교에까지
영향을 미치게 되면서 지금은 한국에서 침례에 대한 이해가 넓어
지고 있다. 침례 표기의 성경이 대한성서공회에서 보급되기까지
한다. 한국장로교와 감리교 계통 사람들이 미국에 가서 침례교
계통의 대학교와 신학교에서 공부를 하게 되고 그 수가 늘어나면
서 침례에 대한 바른 인식이 늘어나고는 있지만 한국교회가 전체
적으로 성서적인 침례를 회복하려는 기미는 전혀 보이지 않는다.
한국장로교 신학의 선구자요 거장인 박형룡 박사가 미국 켄터키
(Kentucky) 주 루이빌(Louisville) 소재 남침례교 신학교에서 불트만
(Bultmann) 신학을 연구하여 박사 학위를 취득한 사실은 장로교 내
에서 오랫동안 비밀로 지켜왔다.

Ⅱ. 침례 회복은 기독교의 의서(醫書)인 성서로 돌아가서 예수님과 그 사도들의 어전에서만 해결될 수 있다

교파적인 전통이나 학문적인 대결로는 해결할 실마리가 보이지 않는다.

1. 예수님께서 침례 방식에 대하여 친히 본을 보여 주셨다. 예수님께서 요단강에 내려가 물속에 들어가셨다가 물에서 올라오시는 침례를 요한에게 받으셨다. 물 한 방울 이마에 찍어 바르시려고 요단강에 내려가신 게 아니었다. 전신을 잠그려고 물에 내려가셨다.

예수님께서 받으신 침례는 세상 죄를 지고 죽으시고 장사되셨다가 부활하실 일의 예표로 미리 받으신 것이다. 그리스도인이 받는 침례는 이 예수님의 죽으심과 장례와 부활에 믿음으로 동참하는 표로 받는 것이다. 그러므로 예수님을 믿은 사람들은 예수님께서 세상 죄를 지고 죽으신 그 속죄의 죽음과 장사와 부활에 동참한 자들이다(롬 6:1-5; 고전 15:50-53; 살전 5:16-18). 장사는 전신을 묻는 것이다. 그래서 장례의 표시인 침례는 전신을 물에 잠그는 침수침례로 하라고, 성서는 명하고 있는 것이다. 예수님께서 친히 본을 보이고 명하신 것이니 침례에 대해서 왈가왈부해서는 안 된다. 그대로 순종하여 행할 뿐이다.

2. 사도들은 예수님께서 명하신 침례를 베풀었다. 물이 귀한 데서도 세례를 주지 않고 침례를 주었다. 오순절에 회개하고 예수

님을 믿는 사람들에게 침례를 주었다(행 2:4). 물이 귀한 광야를 가다가도 물 있는 곳에 가서 빌립은 에티오피아 내시에게 침례를 주었다. 둘이 다 물에 내려가서 침례를 행하고 물에서 올라 왔다(행 8:38-39). 이마에 물 한 방울 찍어 바르려고 물에 내려갔다가 올라왔겠는가? 사도들은 예수님께서 명하지 않으신 세례를 절대 베풀지 않았다. 어느 때가 되면 침례를 세례로 바꾸어도 된다는 암시도 성경에는 없다. 성경을 함부로 다룬 어떤 사람들이 침례를 세례로 잘못 번역해 놓은 잘못이 있을 뿐이다. 이 잘못을 답습하는 것은 큰 잘못이다.

Ⅲ. 세례에 대한 유추적 해석들

성서적인 침례를 제쳐놓고 비성경적인 세례를 주장하는 사람들이 자주 내세우는 유추적 해석 몇 가지를 간단히 살펴보자.

1. 유대교에서의 할례를 침례의 전신으로 보는 잘못이다. 유대인의 가정에서 태어난 어린아이들에게 할례를 주는 것처럼 그리스도인의 가정에서 태어난 아이들에게 침례를 주는 것은 마땅한데, 어린아이를 물에 잠그는 것이 위험하니 약식 세례를 베푼다는 주장은 잘못된 유추적 해석이다. 이것은 이미 성서에서 이탈

한 잘못을 억지로 합리화하려는 무모한 시도다.

유대인의 할례는 아브라함에게 내리신 하나님의 축복의 언약을 인봉하는 표시로 아브라함과 그 후손들이 받는 의식이었다 (창 17:10-12). 난 지 8일 만에 받는 이 할례는 율법을 지키겠다는 서약이기도 했다. 그리고 할례는 상속권이 있는 남자에게만 해당되었다. 또한 이 할례는 율법을 지키겠다는 서약이기도 하니 할례를 받은 사람에게는 유대인의 율법 전체를 행해야 할 의무가 주어진 것이었다.

그러나 그리스도인들이 받는 침례는 부모의 서약이나 대리 신앙 같은 것으로 받는 것이 아니라 자기의 죄를 깨닫고 예수님께서 자기 죄를 위해 죽으신 사실을 믿는 자만 받게 되어 있다. 그뿐만 아니라 그리스도인들은 믿음으로 말미암아 율법의 저주에서 풀려난다. 그리스도인들은 믿음으로 말미암아 율법의 의무에서 해방된다. 침례는 율법의 저주에서 율법을 다 이루시고 폐지하신 예수님과 연합한 표로 받는다(갈 5:2).

또한 유대인의 할례가 그리스도인들의 유아 세례 전신이라면 유대인들처럼 남자아이에게만 세례를 주어야 할 것이다. 그런데 한국교회에서는 남녀 아이들에게 유아 세례를 주지 않는가. (물론 다른 셈 족속 중에는 여자아이들에게도 음핵에 칼금을 주든지 그것을 도려내는 할례를 주는 예가 있지만 아브라함의 후손 가운데서는 남아에게 한정되어 있다.) 만일 세례의 전신이 할례라면 여자아이들에게는 주지 말아야 한다. 그러나 유아 세례는 남녀 구분 없이 세례를 준다. 그러므로 이런 복잡한 유추적인 해석은 성립이 안 된다.

2. 세례에 대한 또 하나의 유추적 해석은 사도행전 2장 41절에 대한 잘못된 해석에서 나온다. 그것은 자기주장을 앞세우는 사람들이 성구 자체를 건성으로 읽고 자기주장에 맞추어 해석한 데서 생긴 것이다. 하루에 제자의 수가 3,000명이나 더해졌다는 말을 하루에 3,000명이 침례를 받은 것으로 잘못 알고 하루에 그렇게 많은 사람에게 침례를 줄 수는 없었을 터이니 약식 세례를 주었을 것이라는 추리다.

이런 곡해는 세례를 정당화하려는 일념에서 나온 착각이다. 그런 착각은 세례 주장에 사로잡혀 해당 성경구절을 자세히 읽어보지 않은 데서 나온 성급한 해석이다. 물론 열두 사도가 나서 주었으면 하루에 3,000명에게 침례를 못 줄 것도 없다. 능히 줄 수도 있었고 그렇게 할 만한 못도 예루살렘에 있었다. 침례를 주라는 예수님의 명을 받은 제자들이 첫 번째 전도 집회에서부터 그 명을 어기고 세례를 주었겠는가?

3. 침례를 반대하는 사람들이 내는 또 하나의 유추적인 해석은

사도행전 16장 33절에 기인한다. 바울 사도가 전도한 빌립보 감옥의 간수가 바울의 전도를 받아 예수님을 믿은 다음에 "자기와 그 권속이 다 침례를 받았다"라고 했으니 그중에 어린아이들이 있었더라면 그들도 침례를 받았을 것이고 아이들에게는 침례 대신에 세례를 주었을 것이 아니냐는 해괴한 해석이다. 이런 해석에서 소위 가족침례(household baptism)라는 용어가 나오기까지 했다. 로마서 6장 1-5절에서 침례를 무덤으로까지 묘사한 바울 사도가 약식 세례를 주었겠는가! 이렇게 억지 해석을 하는 사람들은 자신들을 예수님 위에 올려놓고 교파의 전통을 성서 위에 올려놓는 위험한 지도자들이다.

구원과 관련된 침례에 대하여 성서적인 가르침에 손을 대고, 사람의 전통을 지키기 위해 침례 대신에 세례를 주장하고, 침례를 세례로 잘못 번역한 성경을 들이대며 "성경에 세례로 되어 있지 않으냐?" 하면서 천진한 교인들을 오도하는 사람들은 연자 맷돌을 목에 매고 깊은 물속에 들어가야 할 사람들이다. 신앙적으로 어린아이 하나를 잘못 인도하는 사람이 받을 벌이 그 정도라면 평생 목회에서 그 많은 사람들을 오도한 지도자들이 받을 벌은 얼마나 더 중하겠는가?

4. 그뿐 아니라 이스라엘의 조상들이 "다 구름과 바다에서 세

례를 받았다"라는 성경구절을 잘못 인용하여, 물에 들어가지 않고 침례를 받았으니 그것이 약식 세례가 아니었느냐고 주장하는 사람들도 있다(고전 10:2).

그러나 이것 이상으로 진리에서 먼 것은 없을 것이다. 이스라엘 백성이 애굽의 종살이에서 나와 홍해를 건너기까지는 자유가 보장되지 않았다. 그들이 물기둥 사이를 지나 시내 광야로 나온 뒤에야 자유가 보장된 것이다. 마귀의 지배 밑에서 죄의 종살이를 하던 사람이 예수님을 믿고 죄에서 자유로워지는 이것을 침례로 표시하는 것이다. 이스라엘 민족이 물기둥 사이로 지나온 것은 사실상 물속을 지나온 것이다. 이것은 침례에 상응한 표현이다. 절대로 약식 세례에 대한 암시가 아니다.

유아 세례를 받지 못해 허전하거든 그것 대신에 헌아식을 올려주고 아이가 커서 예수님을 믿으면 성경을 가르쳐 침례식이 예수님께서 명하신 중요한 의식이며 그 뜻이 무엇인가를 설명해 준 다음에 침수침례를 주는 것이 바람직하다. 그러나 예수님의 명을 어기고 세례를 고집하기 위해 성경 여기저기를 엉뚱하게 추리로 해석하는 것은 죄다. 죄를 옳다고 주장하는 것은 더 큰 죄다.

제 **6**장
방언 진단

제6장 방언 진단

방언에 대한 시비는 진작 사도 시대에 정리된 일이다. 그런데 이제껏 이로 인한 혼란은 계속되고 있다. 성령님께서 은사로 주셨던 방언과 오늘날 사람들이 만들어낸 인조 방언조차 구별 못하는 사람들이 하나님의 양을 이끈다고 하니 악령은 활기를 치고 있다. 그래서는 안 된다. 방언 문제는 세 가지 부문으로 나누어 정리해야 한다.

Ⅰ. 베드로 사도 일행이 겪은 방언은 분명한 외국어였다

오순절은 성령님께서 이 땅에 강림하신 큰 사건의 날이었다. 그날은 성령님의 지상 취임식일이기도 했다. 성령님은 지상 취임을 하시면서 그 식전에 참석한 남녀 120명에게 방언을 은사로 주셨다. 그러나 그 방언은 지방언어(地方言語)였다. 오순절 명절에 여러 나라에서 예루살렘에 온 사람들이 사도들의 방언을 다 자기들의 본토 지방 언어로 알아들을 수 있었다. 외국어였다는 말이다. 그것이 오순절 방언이다.

성령님께서 사도들에게 15개국 언어를 은사로 동시에 주시어 하나님의 크신 일을 한꺼번에 말하게 하셨던 것이다. 이때 예루살렘에 온 순례자들이 예수님의 부활의 기쁜 소식을 듣고 각각 자기 본국으로 돌아가서 그 소식을 전할 수 있게 하시는, 위대하신 하나님의 놀라운 섭리였다. 그때의 방언은 통역 없이 각국 방언으로 알아들을 수 있었다(행 2:5-12). 그 방언은 꼬부라진 혀로 알아듣지 못하는 소리를 내는 것이 아니라 외국어로서의 방언이었다.

성령님이 가이사랴에 주둔하고 있던 로마 군대의 백부장 고넬료와 그 가족에게 임하신 다음에 그들이 방언을 하였다. 그들의 방언도 베드로가 예루살렘에서 받은 방언과 같았다. 베드로가 성령님께서 고넬료 가족에게 임하시고 방언의 선물을 주신 것을 보고 "이 사람들이 우리와 같이 성령을 받았으니 누가 능히 물로 침례 주는 것을 금하리요?" 하였다(행 10:44-47). 베드로는 로마 군인인 고넬료와 그 집안 식구들에게 예수님을 전파하고 그 자신에게 임하신 성령님께서 그들에게 임하시는 것을 목격했다. 베드로 자신에게 임한 방언의 은사는 외국어였다. 그 방언은 "켓쎄레바, 켓쎄레바"가 아니었다. 이것은 정리되어야 한다.

Ⅱ. 바울 사도가 고린도 교회에서 겪은 방언은 많은 물의를 일으킨 것이었다

고린도전서 12-14장에 걸쳐 언급된 방언은 통역이 필요했고 또

무질서하게 내뿜는 소리였기 때문에 대중예배 때 폐단을 가져오기도 했다. 이 고린도 교회의 방언은 바울이 그곳에서 전도할 때에 가르친 것도 아니요 그때 생긴 것도 아니요 바울 사도가 이를 강요하거나 구원의 표시로 내세우거나 장려하지도 않았다. 바울이 고린도를 떠난 후 어떤 계기로 그 교회에 방언을 하는 사람들이 나타나고 그것이 교회 내의 질서를 파괴하는 데까지 이르자 바울 사도가 이를 수습하기 위해서 방언 문제를 취급한 것이다.

방언 문제는 고린도 교회에만 있었다. 고린도 교회는 바울 사도가 개척한 교회다. 그러므로 이 문제에 대하여 바울이 말한 것은 극히 당연하다. 그리고 고린도전서에서만 방언이 문제로 대두되고 있는 점도 중요하다. 바울은 이 방언 문제를 해결해 보려고 이에 대하여 많은 말을 하면서도 그 문제에 대한 시원한 답은 주지 못하고 있다. 그것은 그가 고린도 교인들을 아끼고 사랑하는 까닭이다. 바울이 방언으로 야기된 문제들을 수습하기 위해 손을 댔을 때에 고린도 교회 교인들은 영적 어린아이였다(고전 3:1-2). 어린아이는 약하고 깨달음이 미숙하고 유혹에 약하고 오해하기 쉽고 남을 흉내 내기 쉽고 감정에 예민하다. 바울은 그런 그들을 잘 알고 있었다. 그래서 그들을 어른 취급하며 썼던 어떤 편지에 대해서는 나중에 후회하기도 했다(고후 7:8).

이런 영적 어린아이인 고린도 교인들에게 상처를 주기 쉽기 때문에 바울은 방언 문제를 조심스럽게 다루었다. 그러다 보니 방언 문제에 대해서 불분명하게 다루어 놓았다. 그뿐 아니라 자기 자신도 신앙적으로 어린아이였을 때가 있었다고 고백한다. 그리고 장성한 사람이 되어서는 어린아이의 일을 버렸다고 한다(고전 13:10-11). 그는 심지어 이 문제를 취급할 당시 방언 문제에 대한 자기의 주장이 거울로 보는 것같이 희미하다고까지 말했다(고전 13:12). 방언 문제를 취급한 바울 사도 자신이 이를 딱 부러지게 정리해 주지 못했기 때문에 이로 인한 논란은 기독교 역사상 그치지 않고 있다.

방언 문제에 대한 바울 사도의 주장을 요약하면 다음과 같다.

- 바울 사도는 방언을 성령님의 은사 중 하나로 받아들였다 (고 12:10; 14:18).
- 바울 사도는 방언을 성령님의 은사 가운데서 낮은 서열에 두었다 (고전 14:19).
- 바울 사도는 방언에 대한 절제를 촉구했다(고전 14:26-28).

Ⅲ. 방언 문제 정리는 그 시한성(時限性)에서 해결해야 한다

고린도 교회의 방언은 언젠가 그치게 되어 있었다(고전 1:8). 그칠 것이라고 하던 그 방언이 언제 그쳤느냐가 가장 중요하다. 방언에 대하여 가장 말을 많이 하고 누구보다도 방언을 많이 했다던 바울 사도(고전 14:18) 자신이 방언의 시한성을 말했다는 것은 아주 중요하게 다루어야 한다.

성령님의 감동으로 기록된 이 고린도전서에서 방언은 언젠가부터는 그칠 것이라고 했으니 그렇게 되어야 한다. 방언 문제는 바울 서한에서만 다루고 있는데, 그 바울 자신이 알아듣지 못해 통역이 필요한 방언은 그칠 것이라고 했으니 그것이 언제였느냐를 밝혀내면 이 문제는 쉽게 풀 수 있다. 고린도후서부터는 방언이 전혀 언급되지 않고 있다. 고린도후서를 쓸 무렵부터 알아듣지 못하는 방언은 그친 것으로 보아야 한다. 고린도후서는 56년에 기록된 것으로 알려져 있다. 그때부터 방언은 끝이 난 것이다. 명명백백한 사실이다.

그러나 아직까지도 이에 대한 확신을 갖지 못하는 목사들의 처신 때문에 방언 문제가 계속 한국교회에서 해결되지 못하고 있다. 이 문제에 대하여 딱 부러지게 말을 못하는 신학자들은 이에 대한 중요한 책임을 느껴야 할 것이다. "예언도 폐하고 방언도 그치고 지식도 폐하리라" 하지 않았던가?(고전 13:8). 하나님의 양 떼를 먹이고 이끄는 목사들은 이에 대한 확신을 가져야 하지 않겠는가? 그래야 말세의 거짓 선지자들의 미혹으로부터 하나님의 양을 보호할 수 있을 것이 아닌가?

그러면 요즈음 어떤 사람들이 하고 다니는 방언은 무엇인가? 그것은 성경이 허락하지 않은 방언이다. 만일 성경이 "방언이 그쳤다가 다시 계속될 것이라"고 했다면 오늘날도 방언이 가능하다. 그러나 성경은 그렇게 말하지 않고 있다. 성경이 "방언이 그치리라"고 말한 대로 방언은 그쳤다. 오순절의 경우와 같이 여러 나라의 말로 한자리에서 동시에 예수님을 전파해야 하는 경우라면 몰라도 알아듣지 못하는 이상한 소리를 내는 것이나 잡음에 가까운 '켓쎄레바' 방언은 교회가 엄격히 제재해야 한다.

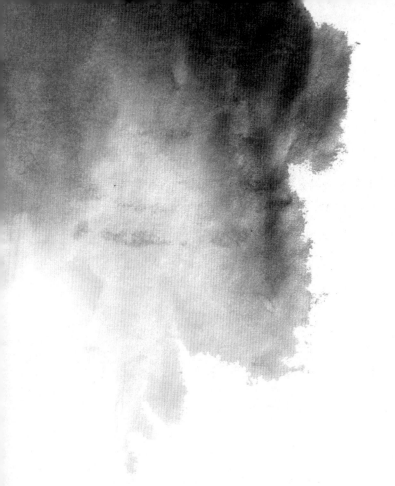

제7장
하나님의 성호 진단

제7장 하나님의 성호 진단

그리스도인들이 믿는 하나님은 세 위(位)로 구분되어 계시면서 단일 신성을 가지셨다. 그래서 성경에 계시된 하나님을 삼위일체적인 하나님이라 칭한다. 이 세 위를 구분하여 성부님과 성자님과 성령님이라 칭한다. 이 세 위의 하나님을 호칭하는 데 있어서 우리는 좀 더 경건한 호칭을 써야 한다.

I. 성부 하나님에 대한 바른 칭호

성부 하나님께 대한 세 가지 중요한 칭호가 있다. 하나님, 여호와, 아버지, 이 세 가지 칭호다. 이에 이 세 가지 칭호에 대하여 간단히 살펴보자.

1. '하나님'이라는 칭호는 하나님의 직함(職銜)이다. 직함이란 직명(職名)이 붙어 있는 이름이다. 하나님이라는 칭호는 하나님의 직함으로서 하나님께서 어떤 일을 하시는 분인가를 말해 주는 이름이다. 하나님은 천지를 창조하시고 그것을 섭리하시고 심판하시는 분이다. 하나님은 인간이 세상에 왔다 가는 것과 모든 사람을 그 행한 대로 심판하시는 분이고 인간을 구원하시기 위해 예

수님을 보내어 십자가에서 대속의 죽음을 당하게 하신 분이다.

그런 뜻에서는 예수님께서도 하나님을 "하나님"이라고 부르셨다. "나의 하나님, 나의 하나님, 어찌하여 나를 버리셨나이까?" 하고 십자가 위에서 부르셨을 때, 그 하나님은 인류 구원의 업무를 집행하고 계셨다(마 27:46). 예수님께서 하나님 아버지를 그렇게 부르시던 그때 그 광경은 마치 왕자가 임금님의 명하신 것을 수행하면서 그 앞에서 "전하!"나 "폐하!"라고 부르는 것과 흡사한 일이다. 사석에서는 왕자가 임금을 아버지라고 부를 수 있지만 공무를 집행할 때에는 그 직함을 불러드리는 것과 같다.

2. '여호와'는 하나님의 함자(銜字)이다. 하나님의 이름이라는 말이다. 그것은 이사야 42장 8절에 명기되어 있다. "나는 여호와이니 이는 내 이름이라." 그리고 '여호와'라는 성호의 뜻은 "스스로 계시는 분"이시다(출 3:13-14). 창조주 하나님은 창조에 속하지 않는 분이시라는 뜻이다. 사람 사이에서도 아버지나 어른들의 함자를 경솔히 부르지 않는 것처럼 하나님의 함자를 함부로 불러서는 안 된다.

하나님의 거룩하신 함자를 함부로 부르는 것을 막기 위해 유대인들은 성경을 읽다가 여호와라는 낱말이 나오면 그 단어를 발음하지 않고 '주님'(הינדא, 아도니야)이라는 말로 바꾸어 읽는다. 그런 관례에 따라 헬라어로 번역된 구약성서인 칠십인역(七十人譯, LXX)에는 여호와라는 칭호를 '주'라는 말로 일괄 고쳐 번역해 놓았다. 이것은 하나님의 함자인 '여호와'라는 성호를 함부로 부르는 것을 막기 위함이다. 이 칠십인역에서 번역된 흠정역(King James Version)에도 여호와라는 단어가 '주'로 번역되어 있다. 인간 차원에서도 자기 직계존속이나 동네 어르신들의 함자를 "○자 ○자 ○자"라고 하지 않는가? 그러면서 왜 하나님의 거룩한 함자는 아무 데서나 함부로 불러도 되겠는가?

필자는 유대인들이 지금도 '여호와'라는 성호를 발음하지 않는다는 사실을 확인했다. 여러 해 전에 예루살렘을 거쳐 오면서 남녀로 구성된 이스라엘 군인들과 통곡의 벽 앞에서 잠깐 같이 자리하면서 필자는 옆에 앉은 여자 군인 한 사람에게 히브리 언어로 여호와라는 단어를 그에게 보이면서 읽어 달라고 했는데 그는 엄숙히 손을 흔들며 거절했다. 히브리 언어로 바른 발음을 배우고 싶어서 그런다고 간청하였더니 외국인의 부탁이니까 한 번만 읽어 주겠다면서 우리가 알고 있는 발음 그대로 "여호와"라고 읽어 주었다.

하나님의 함자가 '여호와'이시므로 그렇게 불러 드리는 것을 틀렸다고는 말할 수 없다. 그러나 그것은 분명히 버릇없는 짓이요 하나님께 대한 불경죄다. 임금님께 아뢸 일이 있어서 그 앞에

섰을 때, 그의 이름을 부를 수 없다. 그렇게 하고 살 자가 있겠는가? 천부당한 일이다. 아버지 앞에서 아버지 함자를 부르는 것도 용납할 수 없다. 하나님 앞에서 기도하는 사람이 하나님을 맞대고 '여호와'라고 부르는 것은 죽음으로 다스려야 할 불경죄다.

그런데 목사들을 위시해서 많은 한국 그리스도인들이 기도할 때에 거침없이 하나님을 '여호와'라고 부른다. 그뿐 아니라 무속적인 목사들은 기도 실력이라도 보이듯이 "여호와여, 여호와여, 여호와여!" 하면서 하나님의 함자를 부른다. 그것은 마치 바알의 선지자들이 한나절 동안 바알의 이름을 불러 대던 것과 같다. 몽매한 교인들은 그것이 기도를 잘하는 사람이 하는 짓인 줄 알고 그대로 흉내를 낸다. 이렇게 하나님을 부르면서 기도하는 사람은 기도할 때마다 불경죄를 범하고 있는 것이다.

가령 필자의 아들이 아비인 나에게 요구 사항이 있어서 필자 앞에 나타나 "조효훈이여, 조효훈이여, 조효훈이여!" 하면서 접근하면 그것이 잘하는 일이겠는가? 그가 갖고 온 요구를 아비가 기꺼이 들어주겠는가? 아마 어려울 것이다. 아비 마음은 무척 상할 것이다. 하물며 하나님을 불경하게 부르는데 그런 기도에서 무슨 좋은 응답을 받을 수 있겠는가?

3. 그리스도인들은 하나님을 '아버지'라고 부른다. 그렇게 가

르쳐 주신 분이 바로 예수님이다(마 6:9). 마귀 자식들이었던 우리가 예수님을 믿은 날부터 하나님의 자녀가 되었다(요 1:12). 하나님을 아버지라고 부르게 되었다! 예수님을 믿어 하나님의 자녀가 되는 것은 혈통이나 육정이나 사람의 뜻으로 되지 아니하고 믿음을 통한 입양 관계로 되는 것이다. 예수님을 믿어 하나님의 자녀가 되었고 우리를 입양하시고 우리 마음속에 그 아들의 영, 곧 성령님을 보내 주셔서 하나님을 '아바 아버지'라고 부르게 하셨다(롬 8:15-16; 갈 4:6).

하나님의 자녀가 된 그리스도인들이 하나님의 함자를 써서 여호와라고 부르거나 직함을 써서 하나님이라고 불러드려도 그 자체가 사실에서 어긋난 것은 아니다. 그러나 그것은 마치 필자의 아들이 필자를 부를 때에 '조효훈'이나 '조효훈 목사'라고 부르는 것과 같다. 과연 필자의 이름은 틀림없이 조효훈이고 직함은 조효훈 목사임에 틀림없다. 그러나 필자는 아들이 '아버지'라고 불러 주기를 원한다.

제자들에게 하나님을 '아버지'라 부르라고 가르쳐 주신 예수님은 친히 하나님을 '아버지'라고 부르셨다. 요한복음에서만 해도 예수님은 하나님을 120번이나 아버지라고 부르셨다. 이렇게까지 말해 줘도 하나님을 아버지라고 부르지 못하는 사람은 하나님의 자녀가 아니다. 왜냐하면 하나님을 아버지라고 부르게 하시는 분은 성령님이신데 하나님을 아버지라고 부를 수 없다는 사람은 그 안에 성령님께서 계시지 않은 것이기 때문이다. 누구든지 그리스도의 영이 없으면 그리스도의 사람이 아니다(롬 8:9).

Ⅱ. 성자 예수님에 대한 바른 칭호

하나님의 아드님이신 예수님은 위(位)만을 달리 하신 하나님이시다.

1. 하나님의 아드님이신 예수님을 '예수'라 하지 말고 '예수님'이라고 불러 드려야 한다. 기도하면서 직접 부를 때나 강의나 사람과의 대화 중에서 간접적으로 언급할 때에도 '예수' 대신에 '예수님'이라고 불러 드려야 한다. 예수님을 하나님의 아드님으로 모신다면 마땅히 '예수님'이라고 불러 드려야 한다.

2. 예수님은 세상 죄를 지고 가신 하나님의 어린 양이시다(요 1:29). 그런 분에게는 '님'자를 붙여 드려야 한다. 인류의 죄를 인책하시고 죽음으로 그 대가를 지불하시고 하나님께 용서받을 수 있는 길을 열어주신 예수님께 어떤 존칭도 아끼지 말아야 할 것이다. 그런 귀하신 분이기 때문에 '예수'라는 말 대신에 '예

수님'으로 불러 드리는 것이 우리가 표시해야 할 최소한의 예의
일 것이다. 기도할 때에도 '예수의 이름'보다는 '예수님의 이름
으로'라고 해야 한다.

Ⅲ. 성령 하나님에 대한 바른 칭호

보혜사 성령님은 하나님의 거룩하신 영으로서 하나님 아버지와
아들 예수님과 같은 신성을 지니신 하나님이다. 그렇다면 그분에
게도 마땅히 존칭어를 사용해야 한다.

1. 그분을 존대해 드린다면 최소한 호칭에 '님'자 하나는 붙여
드려야 할 것이다. 그런데 아주 많은 사람들이 그냥 '성령'이라
고만 부르고 있다. 인간인 선생님에게도 '님'자를 붙이면서 우리
를 보호하시고 위로하시고 깨우쳐 주시는 선생님이신 성령님께
는 왜 '님'자를 붙이지 않는가? 절간의 승려들도 스님이라고 부
르면서 어찌하여 성령님은 "성령이여!"라고 부르는가? 성령님
을 바로 모시려면 성령님을 잘못 부르는 말버릇부터 고쳐야 한
다. 이 점에 있어서 목사들이 그 책임감을 절실히 느껴야 하고 이
제라도 교인들을 바로 가르쳐야 할 것이다. 자기는 '목사님'이
라고 존대를 꼬박꼬박 받으면서 성령님에 대한 존댓말은 왜 가

르치지 않는가?

2. 그뿐만 아니라 "성령을 받아라!"는 소리도 이제 그만 써야 할 것이다. "성령을 달라"는 무지한 말도 이제는 그만 써야 한다. 성령님은 달라고 해서 받는 물건이 아니다. 하나님 아버지께서 믿는 자들에게 보내주시는 그 성령 하나님을 우리는 모시고 따라가는 것이다. 성령님의 은사는 간구할 수 있고 받을 수도 있다. 성령님의 은사는 우리에게 일하라고 주시는 신령한 도구다. 그러므로 그것은 달라 할 수 있고 받을 수도 있다. 그러나 인격을 지니신 성령님은 우리가 모시고 순종 하는 법이다.

3. 성령님을 정중히 모시려면 그 강림과 내주와 충만하심과 역사(役事)에 대해서도 바로 구분할 줄 알아야 한다. 성령님은 오순절 날 이 땅에 강림하셨다. 이 오순절 사건은 성령님의 강림과 내주와 충만과 역사가 동시에 발생한 전무후무한 사건이었다.

성령님의 지상강림은 단회적(單回的)이다. 한 번밖에 없는 사건이다. 오순절 성령강림 사건은 반복하지 않는다는 말이다. 오순절 사건은 성령님의 지상취임식과 같은 것이다. 취임식은 반복하지 않는다. 취임식을 거쳐 이 땅에 강림하신 그분에게 '지상강림'은 다시 없다. 그러므로 오순절파라고 자칭하는 사람들이 "오순절을 체험하라!", "불을 받아라!"고 외치고 다니는 것은 무지한 광신앙이다. 그러므로 몽매한 교인들을 산속으로 데리고 가서 마이크로 바람 소리를 내면서 "성령께서 강림하시니 받으라"고 소동을 피우는 것은 성령님의 강림이 단번에 끝난 것을 알지 못하는 사람들의 영적 무지의 소치다. 그러므로 부흥 집회 같은 때에 "성령이여 강림하사" 같은 비성서적인 찬송을 부르거나 오순절을 경험하라고 강조하는 일은 이제 그만두어야 할 것이다.

성령님의 내주도 단회적이다. 한 사람에게 성령님은 한 번 임하여 영원히 내주하신다. 우리가 성령님께 불순종하면 우리 속에 계시는 성령님께서 근심하신다(엡 4:30). 그렇게 되면 우리의 기쁨이 떠나고 힘과 평안을 잃는다. 그러나 성령님께서 우리를 떠나지는 않으신다. 그것은 성령님께서 영원히 우리와 함께하기 위해 오신 분이시기 때문이다(요 14:16). 성령님은 우리에게 들락날락하시는 분이 아니다.

그러나 성령님의 충만하심과 사역은 반복적이다. 오순절에 성령님의 강림과 내주와 충만하심을 체험한 제자들은 얼마 후에 성령님의 충만을 다시 받아야만 했다(행 4:31). 성령님의 충만은 영적인 능력의 공급과 같다. 영적인 사역은 성령님의 힘으로만 할 수 있다. 그러므로 성령님의 충만 없이는 영적인 사역을 원만히 할 수가 없다. 오순절 날 성령님의 충만함을 받은 제자들도 힘겨운 사역과 시련 끝에 성령님의 충만을 잃게 되었다. 그래서 하나님 아버지 앞에 간절히 기도하여 성령님의 충만을 다시 받았다. 이것으로 보아 성령님의 충만은 반복적인 것이 확실하다.

4. 성령님을 정중히 모시려면 그분을 피조물로 격하시키는 잘못을 시정해야 한다. 성령님은 두루마기가 아니므로 설교하는 목사에게 "성령의 두루마기를 입혀 달라"는 기도는 하지 말아야 한다. 두루마기는 입었다 벗었다 하는 예복이다. 성령님은 예복이 아니라 그리스도인들 안에 들어와 계시는 하나님이시다.

언젠가부터 기독교 지도자들이 성령님을 불과 바람과 비둘기 같은 피조물로 격하시켜 놓았다. 이것은 분명히 성령님을 피조물로 격하시키는 잘못이다. 돌팔이 부흥사들이 흔히 그런 잘못을 범하고 다닌다. 그런 사람들을 함부로 불러서 부흥회를 갖는 중에 성령님을 피조물로 격하시키는 풍조가 생겼고 지금은 그 개념이 많은 사람들의 생각 속에 고착되어 고치기 힘들게 되었다. 그러나 성령님은 피조물이 아니시다.

이미 임재해 계시는 성령님을 강림하시라고 외치는 그 자체도 문제이거니와 거기에 '불'과 '바람'이나 '비둘기 같이' 피조물로 임하시라고 부르짖는 것도 잘못이다. 하나님을 이런 피조물 모양으로 임하시라고 하는 것은 옳은 기도가 아니다. 하나님이신 성령님을 피조물로 바꾸는 것은 하나님을 우상으로 만드는 잘못이다.

불과 바람과 비둘기는 천사의 출현 모습이다. 결코 성령님이 아니시다. 천사는 하나님께 수종드는 영물들로 하나님께서 임재하시는 곳에 그런 모습으로 나타나 하나님의 임재하신 곳을 지적한다. 흔히 그들의 이런 출현 현상을 성령님의 모습으로 오해하고 있다. 성령 하나님께서 나타나시는 곳에 그분에게 수종드는 천사들이 그런 모습으로 나타난다.

이에 대한 성경적인 기록은 분명하다. 하나님은 그분의 바람으로 자기 사자를 삼으시며 화염으로 사역자를 삼으신다(시 104:4). 그 하나님께서 천사들의 옹위를 받으시며 왕래하시는 위용을 "불에 옹위하시어 강림하시고 회오리바람 같으리라"고 묘사하고 있다. 히브리서 1장 7절에서는 하나님께서 "그의 천사들을 바람으로, 그의 사역자들을 불꽃으로 삼으시느니라"고 한다. 여기서 말한 천사(天使)들과 사역자(使役者)들은 동의이어(同意異語)로 다 하나님의 심부름꾼들이다. 이 말을 정리하면 "하나님은 그의 천사들을 바람 모양으로 사용하시기도 하고 불꽃 모양으로 사용하기도 하신다"라는 것이다.

그뿐 아니라 모세가 호렙산에서 하나님을 뵐 때에도 하나님을 모신 천사들이 불꽃으로 나타났다. 불꽃으로 보이는 천사들의 옹위를 받으시면서 가시떨기 가운데 임재하셔서 모세에게 말씀하신 하나님이 불꽃 가운데서 말씀하신 것같이 보였다(출 3:2-4). 오순절 날 성령 하나님께서 지상에 강림하실 때에도 그분을 모시고 내려온 천사들이 바람과 불꽃 모양으로 나타났다. 여기서 바람과 불꽃은 성령님이 아니시고 그분을 모시고 내려온 천사들이 그렇게 나타난 것이다.

성령님을 비둘기 모양으로 묘사하는 데는 설명이 좀 더 필요하다. 우선 성령님을 가시적인 동물 모양으로 묘사하려는 것은 하나님을 피조물로 격하시키려는 잘못이다. 하나님이 우리 육안으로 볼 수 없는 분이심에 대해서 성경은 분명히 표현한다. "하나님은 가까이 가지 못할 빛에 거하시고 아무도 보지 못하였고 또 볼 수 없는 분이시다"(딤전 1:17; 6:16). 성령님도 하나님이시기 때문에 아무도 육안으로 볼 수 없다. 삼위 하나님 중에서 인간이 볼 수 있는 분은 육신을 입고 오신 성자 예수님 한 분뿐이시다(골 1:15).

비둘기는 심부름꾼(使者)의 상징이다. 노아가 비둘기를 심부름꾼으로 사용하였다(창 8:9-12). 노아가 심부름꾼으로 부리던 비둘기가 물 위로 희소식을 가져온 것처럼 예수님께서 침례 받으시는 현장에 성령 하나님을 모시고 나타난 천사의 모습이 비둘기 모양이었다. 성령님은 영이시니 요한이 볼 수 없었고 비둘기 모양으로 나타난 천사만을 보았던 것이다. 말하자면 예수님께서 침례를 받으시는 그 장면에 삼위 하나님께서 나타나신 것이다. 즉, 성부(하늘로부터의 음성)와 성자(침례를 받으시는 예수님)와 성령님(비둘기 모양의 천사가 모시고 나타난)께서 그곳에 나타나신 것이다(마 3:16).

비둘기를 성령님으로 묘사하는 사상은 널리 알려져 있고 너무 오랫동안 정통관념으로 고착되어 있기 때문에 좀 깊이 있는 설명이 필요하다. 그것을 위해서는 해당 성경구절인 마태복음 3장 16절과 요한복음 1장 32절을 헬라어 성경으로 풀어 보자. 마태복음 3장 16절에서 "보았다"는 헬라어 동사의 주어는 예수님일 수도 있고 침례를 베푼 요한일 수도 있다. 마태복음을 번역한 사람들이 그 동사를 "보시더니"라는 존칭어로 번역해 놓아서 읽는 사람들은 비둘기를 예수님께서 보신 것으로 알고 있다.

그러나 요한복음 1장 32절은 그 비둘기가 나타난 광경을 본 사람이 요한임을 밝혀주고 있다. 예수님의 침례를 집행한 요한이 말한 것을 직접 보자. "요한이 또 증거하여 가로되 내가 보매 성령이 비둘기같이 하늘로서 내려와서 그의 위에 머물렀더라." 요한이 본 것은 성령님 자신이 아니요 성령님을 모시고 내려온 천사(하나님의 심부름꾼)다. 성령 하나님께서 콩 먹고 똥을 싸서 둥지 밑을 더럽히는 비둘기 모양으로 나타나 보이실 필요는 없었다. 그러므로 침례 요한이 본 것은 노아의 심부름을 하던 비둘기 모양으로 나타난 하나님의 심부름꾼인 천사였던 것이다.

5. 성령침례(또는 불침례)를 강조하는 사람들에게 경고한다. 마태복음 3장 11-12절에 나타난 '성령침례'라는 말은 침례 양식을 알아야 이해가 된다. 침례는 전신이 완전히 물에 잠기는 것이다. 성령침례는 사람이 완전히 성령님 안에 들어가는 것이요 불침례는 심판의 불 속에 빠지는 것이다. 이것은 만왕의 왕이시며 만유의 주이신 예수님께서 마지막 심판 때에 영생과 영원한 불 못에 들어갈 두 종류의 사람들을 갈라 놓으실 것을 말씀하신 것이다. 그러므로 불침례(또는 불세례)를 받으라는 말은 저주를 받아 불 못에 들어가라는 말씀의 극적인 표현이다.

성령님의 역사와 악마의 역사를 혼돈하고 있는 목사들에게 경고한다. 그들은 성령침례를 받을 때의 느낌이 마치 '성행위 절정에 달했을 때의 느낌'과 같더라고 공공연하게 실토한다. 이것은 1970년대에 필자가 참석한 모인 자리에서 어느 체험자가 실토한 말이다. 얼마나 많은 젊은이들이 이런 유혹에 빠지겠는가? 얼마나 많은 미혼남녀가 이런 은밀한 성령운동에 참여하여 한국교회를 어지럽혔던가?

소위 불침례를 선전하고 다니는 사람들에게서 이런 말을 듣는다. 그들이 불침례를(또는 불세례) 받을 때에 가슴에 불이 난 것같이 뜨겁더라는 것이다. 이것을 보고 그들은 불침례라고 한다. 그러나 마귀가 거짓 그리스도인들에게 제 것이라고 인 칠 때에 그런 뜨거움을 느낄 수 있다. 양심이 화인 맞을 때에 그런 것을 체험할 수 있다(딤전 4:1-2). 성령님의 인 치심을 받은 사람은 그런 체험을 한 사람이 아니라 마음이 평안해지고 생활에 성령님의 열매가 가득한 사람이다.

제**8**장
목사 가운 진단

제8장 목사 가운 진단

목사들이 설교할 때나 예식을 집례할 때에 입는 가운은 아무런 성서적 근거가 없다. 구약시대의 대제사장들이 집무할 때에 에봇을 입었으나(출 28-35) 목사는 구약시대의 대제사장들이 아니다. 그러므로 목사들이 집무할 때에 가운을 입고 안 입는 것은 목사 각자의 취향에 속한 것이다. 그런데 교파에 따라서는 가운을 입는 것이 교단의 규칙으로 되어 있어 그 교단에 속한 목사들은 강단에서 이것을 꼭 입어야 한다. 그렇지 않을 경우에는 교단 규칙을 범하게 된다. 그렇다 할지라도 가운 속의 사람이 중요하지, 가운 자체는 그렇게 중요하지 않다.

I. 목사 가운은 16세기 제네바(Geneva)에서 종교개혁을 하던 캘빈(Calvin)의 복장에서 유래된 것이다

그래서 이것을 '제네바(Geneva)가운'이라고도 한다. 그러나 캘빈(Calvin)이 입던 가운은 검은 장삼에다 목덜미와 소매 끝에 털단을 붙인 단순한 예복이었다. 캘빈(Calvin) 이전에도 개신교 성직자들이 가운을 입었던 예는 더러 있었지만 지금까지 이어져 내려온 기본 가운은 제네바(Geneva)가운이다.

캘빈(Calvin) 같은 성경학자가 목사 가운을 입은 것은 결코 그것이 성경적인 가르침이라서가 아니라 다른 실용적인 이유가 있을 것이다. 첫째, 대외적으로 중세기의 가톨릭교의 성직자들이 독특한 의상을 입고 다니는데 개신교 성직자들이 평복을 입고 다니면 성직자답지 않은 인상을 줄 수 있기 때문에 가운을 입었을 것이다. 둘째, 예배의 존엄성을 보여주기 위해 가운을 입었을 수도 있다. 이런 순수한 이유로 목사가 가운을 입는 데는 별로 시빗거리가 없다.

Ⅱ. 문제는 목사 가운이 목사의 계급과 위장으로 사용되는 데 있다

즉, 목사 가운을 입고 나서면 목사가 갑자기 높은 사람이 되어 버린다는 말이다. 게다가 목사 가운 대신에 박사 가운을 걸치고 나타나면 그 위용이 대단해 보인다. 그뿐 아니라 목사 가운은 목사를 신성불가침의 존재로 가장시켜 준다. 이와 같이 목사 가운은 많은 경우에 목사를 높은 사람이나 함부로 손대서는 안 될 존재로 엄호해 준다. 그리하여 단순한 검은 제네바(Geneva)가운이 이제는 오색찬란한 성의(聖衣)가 되어 버렸다.

그렇게도 목사 가운을 입고 싶거든 그것을 자기 신분을 알려주는 뜻으로만 입어야 할 것이다. 의사나 간호사가 제복을 입은 것은 그들이 의료업에 종사하는 사람으로서 남의 건강을 돌봐 줄 수 있다는 신분을 제시하기 위함이다. 그와 같이 목사도 영적인 문제에 도움을 줄 수 있다는 신분의 표시로 가운을 입어야 한다. 그 이상이나 그 이외의 뜻으로 목사 가운을 입는 것은 날개 부러진 까마귀가 푸드덕거리는 모습으로밖에 보이지 않는다.

Ⅲ. 가운 입기를 좋아하는 목사들은 예수님의 의상을 한 번이라도 생각해 보면 좋을 것 같다

성경이 보여주는 예수님은 중세기 화가들이 예술적으로 과장해서 그린 그림에 나타난 후광을 입은 예수님이 아니셨다. 만일 예수님께서 후광을 업고 다니셨다면 누가 감히 그분에게 덤벼들고 시비를 걸고 잡아다가 십자가에 매달았겠는가? 세상 죄를 지고 가신 속죄의 어린 양으로 오신 예수님은 기름진 몸에 호화찬란한 가운이 아니라 평범한 랍비 의상을 입고 다니셨다.

이 예수님에 대한 이사야 선지자의 예언을 들어보라.

그는 주 앞에서 자라나기를 연한 순 같고 마른 땅에서 나온 줄기 같아서 고운 모양도 없고 풍채도 없은즉 우리의 보기에 흠모할 만한 아름다운 것이 없도다 그는 멸시를 받아서 사람에게 싫어 버린 바 되었으며 간고를 많이 겪었으며 질고를 아는 자라 마치 사람들에게 얼굴을 가리우고 보지 않음을 받는 자 같아서 멸시를 당하였고 우리도 그를 귀히 여기지 아니하였도다(사 53:2-3).

예수님께서 그 제자들과 뚜렷이 구별되는 휘황찬란한 가운을 입고 다니셨더라면 예수님의 체포 당시 가룟 유다가 입까지 맞추면서 예수님을 지적할 필요가 없었을 것이다. 예수님의 의상이 제자들의 것과 잘 구분이 되지 않았기 때문에 그가 예수님께 입까지 맞추었던 것이다. 베드로가 예수님을 처음 뵈었을 때에 예수님께서 그렇게도 위엄스럽고 풍채가 좋았더라면 왜 그분과 같이 머물러 있지 않고 첫 번째 면접 때에 그분에게 빨려 들어가지 않았겠는가?(요 1:42). 그때 예수님의 외모가 그렇게 매력적이지 않았던 것이다. 나중에 베드로가 모든 것을 버리고 예수님을 따르게 된 것은 예수님의 의상이나 육신의 매력 때문이 아니라 물 속까지 투시하시던 그분의 영력 때문이었다(눅 5:4-11).

VI. 남을 섬기다가 죽으신 예수님을 따라나선다는 목사들이 어쩌면 그렇게 "긴 옷을 입고 절받기를 좋아하고 잔치의 상석을" 노리는가?

목사들이 그렇게도 좋아하는 호화찬란한 가운은 아무리 보아도 예수님을 따라가는 사람들이 할 옷차림은 아닌 것 같다. 게다가 물들인 머리와 미용 수술을 받은 얼굴에 짙게 화장한 목사가 강단에 나타나 변조한 음성으로 "할렐루야!" 일성을 울리면 훈련된 회중이 "아멘!"으로 화답하는 광경은 귀인의 출현 광경이지 예수님을 따라가는 사람의 모습은 아니다.

이런 목사들에게 시급하게 필요한 것은 길고 찬란한 목사 가운을 벗고 섬기는 자의 모습을 되찾는 것이다. 예수님께서는 위선을 좋아하는 서기관들과 바리새인들을 가리켜 "회칠한 무덤이요 뱀이요 독사의 새끼들"이라고까지 말씀하셨다(마 23:27, 33). 집한 칸 없으셨던 예수님께서 한국의 재벌급 목사들에게 하실 말씀을 생각해 보았는가? 그런 목사들이 선망의 대상이 되어 목사 공부하고 있는 젊은이들에게는 어떤 세상이 전개될 것인가?

궁여지책으로 어떤 목사들은 목사 가운이 계급이 아니라 예배의 경건미를 나타내기 위해 그런 것이라고 변명을 한다. 그렇다면 목사만 거룩해야 하는가? 예배에 참여하는 모든 사람이 다 거룩하게 보여야 하지 않겠는가? 그렇다면 교인 전체가 가운을 입어야 하지 않겠는가?

제 **9** 장
성직 매매 진단

제9장 성직 매매 진단

교회 직분은 교회의 주인이신 하나님께서 주신다. 거룩하신 하나님께서 주신 직분이기 때문에 교회 직분을 성직이라 칭한다. 성직은 사람이 사고팔 수 없다. 그런 성직을 사람들이 주고받는 과정에서 금전 거래가 있다면 그것은 엄연한 성직 매매다. 사실상 한국교계에서 이 성직 매매가 성행하고 있다. 다른 미끈한 용어로 오랫동안 관행되어 온 이 폐습은 한국교계에서 악이 아니라 일종의 예의로까지 여긴다. 따라서 급속도로 번지고 있는 이 성직 매매의 악은 제어하기가 힘들다.

I. 안수에 연관된 성직 매매

돈 받고 목사나 장로나 집사나 선교사에게 안수하는 것은 분명한 성직 매매다. 소위 안수시취위원들이나 안수위원들에게 거마비를 주는 것은 잘하는 일이다. 안수 때에 잔치를 베푸는 것도 막을 필요가 없다. 하나님께서 일꾼을 불러 세우시는 경사스러운 일이기 때문이다. 그러나 자격미달인 사람이나 결격사유가 있는 사람들에게 돈을 받고 안수해 주는 것은 분명한 성직 매매다.
그뿐만 아니라 안수를 받는 사람이 '안수 감사헌금'이라는 명목으로 적지 않은 돈을 교회에 내는 것 역시 성직 매매다. 이것은 한국교회 특유의 풍속이다. 안수를 받는 사람의 경제력에 따라 그 액수는 수억 원이 될 수도 있고 기만 원이 될 수도 있다. 이런 일들이 어느새 '한국교회의 미풍양속'이 되어 버렸다. 그리고 이런 풍습이 불문율로 강요되고 있으니 폐지하기 힘든 단계에 이르러 있다. 음성적으로 돈을 내고 안수를 받는 일은 염연한 성직 매매다. 그렇게도 하나님께 감사할 생각이 많았으면 안수식과 상관없이 평소에 감사헌금을 해도 되지 않겠는가?

안수라는 말은 손을 얹는다는 뜻이다. 그것은 안수를 받는 그 특정인을 하나님께서 부르셨다는 것을 교회 앞에 공포하는 엄한 예식이다. 안수를 받는 사람은 안수 전에 이미 하나님의 부르심을 받았어야 한다. 안수 때에 하나님의 부르심을 받는 것이 아니다. 안수가 소명을 주는 것도 아니다. 그런데 대부분의 경우 안수위원들이 흰 장갑을 끼고 머리를 짓눌러야 그때에 하나님의 부르심이 임하는 것처럼 7-8명이 한꺼번에 체중을 얹다시피 하여 머리와 어깨를 짓누른다. 그것은 불필요한 에너지 소모다. 또 화려한 화환으로 장식된 안수식전에서 20여 명의 목사들이 순서를 맡아 강단을 오르내리는 것도 허례다.

안수는 각 교회 행사다. 목사들의 특권에 속한 것도 아니다. 교단의 행사도 아니다. 따라서 총회장이나 지방회장이 동원될 필요도 없다. 교회 행사이기 때문에 마땅히 교인 전체가 안수를 해야 하지만 큰 교회의 경우에 전체 교인이 다 나와서 안수하는 번거로움을 피하기 위해 교회 대표자들을 안수하는 사람들로 제한시키는 것은 바람직하다.

필자는 미국의 한 큰 남침례교회에서 주일 아침 예배 도중에 안수를 받았다. 담임목사님과 은퇴 목사님들과 안수집사님들 수십 명이 하나하나 내 머리에 가볍게 손을 얹고 지나가면서 귓속말로 했던 "하나님께서 너를 축복하시기 바란다", "하나님이 너에게 지혜를 주시기 바란다", "하나님께서 너를 지키시기를 바란다"라는 간결하면서도 간절한 기원의 음성은 지금도 내 귀에 남아 있다. 나는 이 안수를 위해 돈 한 푼 쓰지 않았다. 그것이 교회 행사였기 때문이다. 안타깝게도 안수가 안수를 받는 사람의 돈과 연관되어 있는 것은 한국교회의 특징 중 하나이다.

II. 담임목사가 되기 위한 성직 매매

밥술이나 먹을 수 있는 교회에 목사 공석이 생겼을 때에 목사 이력서가 보통 20-30통씩, 심하면 100통 가까이 쇄도한다. 이력서에 수반하는 서류는 괄시 못 할 유명인사의 추천서다. 그런 추천서는 백방으로 받아내기 어렵다. 액수에 상관없이 담임목사 취임

배후에 금전이 오가는 것은 분명한 성직 매매다. 이런 일도 이제는 관례가 되어서 근절시키기 심히 어려운 단계에 와 있다. "사모님과 식사나 한 번 하시라"면서 주는 촌지를 안수 후보자의 의무로까지 여기고 있다. 담임목사 취직에 관련된 금전 수수는 분명한 성직 매매다.

Ⅲ. 교단장직과 성직 매매

돈 안 쓰고 교단장이 되는 것은 이제 사실상 불가능하다. 목사들이 교단정치 자금으로 쓰는 돈은 주로 교회 헌금에서 나온다. 과부의 두 푼을 부패한 교단정치에 사용하고 있는 것이다. 이것 역시 성직 매매다.

한국 교계에서 성직 매매 역사는 너무 길기 때문에 지금은 교단을 위해 쓰인 비용으로 그 개념을 바꾸고 있다. 예사로 여기는 이 성직 매매는 이제 고칠 수 있는 단계를 훨씬 넘어섰다. 이것을 시정하려면 이에 대한 부당성을 인정해야 하고 그렇게 하려면 수십 년을 거슬러 올라가 돈 쓰고 교단 공직에 있었던 사람들부터 처단하여 성직 매매에서 얻은 부정한 소득을 토해내게 해야할 것이다. 그 정리 대상에는 현직 임원들까지 포함해야 할 것이다. 그렇게 되면 교단의 많은 직위에 공석이 생길 것이다. 슬프게도 이것이 사람의 힘으로는 불가능하고 하나님께서 직접 손을 대셔야 할 일이 되었다.

Ⅳ. 치유 안수와 성직 매매

성령님의 은사 가운데 병 고치는 은사가 있다. 그것은 하나님의 영광을 위해 "거저 받은 것이니 거저 주라"고 주신 하나님의 선물이다. 그런데 그 능력으로 병 고쳐 주고 돈을 받으면 그것은 성직 매매다. 넉넉하지 못한 수입으로 살아야 하는 가난한 목사들은 이런 시험에 빠지기 쉽다. 치유 안수해 주고 돈을 받는 목사는 무당이 굿해 주고 돈 받는 것과 다를 바가 없다.

Ⅴ. 성경에 등장한 '거룩한 악'

이 성직 매매를 영어로는 'Simony'라고 하는데 이 용어는 사마리아의 마술사 시몬(Simon)이라는 사람이 성령님을 돈 주고 사려 했던 데서 나온 특별한 단어다. 빌립 집사가 전도해서 침례까지 준 사람들에게 베드로와 요한이 와서 성령님 임하시기를 기도하니 성령님께서 임하셨다. 그것을 본 시몬이 두 사도에게 돈을 주면서 자기도 그런 권능을 받게 해 달라고 하였다(이 시몬에 대해서는 사도행전 8장 9-24절을 보라).

베드로와 요한은 돈을 주겠다는 시몬에게 성령님의 권능을 팔지 않았다. 요즈음처럼 성직 매매 시세가 좋은 때였더라면 그날 베드로와 요한은 거금을 벌 수 있었을 것이다. 베드로와 요한은 하나님의 선물을 은으로 사려던 시몬에게 은과 함께 망할 것이라고 선언했다. 그들 앞에 시몬은 굴복했다. 베드로와 요한이 마술사 시몬을 그렇게 제압할 수 있었던 것은 그들이 성직 매매에 물들지 않았기 때문이다. 다른 말로 하면 베드로와 요한은 안수해 주고 돈을 받는 사람들이 아니었기 때문에 마술사 시몬을 제압할 수 있었던 것이다.

Ⅵ. 이민 목회자들의 성직 매매

미국에 이민 오는 목사들이 후임자에게 돈을 받고 시무하던 한국인 교회를 넘겨주는 사례도 엄연한 성직 매매다. 자기가 사랑하고 먹이던 하나님의 양을 아무에게나 맡길 수 없기에 착실한 사람에게 부탁하고 싶어서라면 그 얼마나 고상한 처사인가! 그러나 이민 정착금을 마련하기 위해 집 한 채 값이 족히 되는 금액을 받고 자기 교회를 다른 목사에게 넘겨주는 것은 삯꾼이 하나님의 양을 팔아먹는 것이 아니면 무엇인가? 이런 거래는 당사자

간에 극비리에 성사되지만 돈 주고 들어온 후임 목회자들을 통해 발설이 된다.

　그와 비슷하게 한국 내에서도 서울에서 목회하기를 원하는 시골 목사들에게 돈을 받고 서울의 교회를 넘겨주는 예도 흔하다. 한때 이것이 집 장사처럼 흔했다. 집을 짓고 살다가 집값이 올라가면 팔고 새집을 지어 같은 방식으로 팔아 넘겨 돈을 버는 것처럼 교회를 서울에 개척하여 사람이 몇 좀 모이면 이것을 다른 목사에게 돈 받고 넘겨주고 자기는 다른 교회를 또 개척하는 식으로 교회 장사를 하는 목사들도 흔했다. 안타깝게도 이런 폐습이 근절되었다는 말은 아직 들리지 않고 있다.

제10장
교회 명칭 진단

제10장 교회 명칭 진단

성경적으로 교회는 원래 '하나님의 교회' 하나뿐이었다. 그러나 교회 수가 늘어나게 되자 하나님의 교회에 소재지의 이름을 더하게 되었다. 예를 들면 하나님의 교회가 고린도에 있을 경우에는 "고린도에 있는 하나님의 교회"라 불렸고 그것이 데살로니가에 있을 때는 "데살로니가인의 교회"라고 불렸다(고전 1:2; 살전 1:1). 갈라디아 지역 교회의 경우, 교회 여럿이 한 지역에 있어도 굳이 그 여럿을 구분하지 않고 "갈라디아 여러 교회"라고 불렀다(갈 1:2).

또한 교회는 건물이 아니라 하나님께서 불러 모으신 거룩한 성도의 단체이기 때문에 때로는 교회라는 말 대신에 "특정한 지역에 있는 성도들"이라 칭하기도 했다. 예를 들면 바울 사도가 에베소에 있는 교회를 가리켜 "에베소에 있는 성도들"이라 했고 빌립보 교회는 "빌립보에 사는 성도들"이라 했고 골로새에 있는 교회는 "골로새에 있는 성도들"이라고 했다(엡 1:1; 빌 1:1; 골 1:1-2).

요즈음 한국교회의 이름은 천태만상이다. 이름을 지었다가 몇 번씩 바꾸는 교회도 흔하다. 변두리에 있는 교회가 중앙교회라 이름을 고치고 복음에서 이탈한 교회를 무슨 복음교회라고 부르기도 한다.

우리나라 사람들같이 교회 이름에 관심을 많이 쏟는 국민은 세계 어디에서도 찾아볼 수 없다. 아마 이런 풍조는 작명가들의 말을 듣고 이름을 짓기도 하고 고치기도 하는 무속에서 나온 것이 아닌가 생각한다. 우리나라 사람들이 좋은 한자(漢子)를 골라서 이름을 지어 그 이름대로 되기를 소원하는 것처럼 교회 이름도 멋있게 지어 그 이름의 뜻처럼 잘되기를 원하는 것 같기도 하고, 상업 광고 모양으로 선전 효과를 노리는 것 같기도 하다. 어쨌든 한국교회 이름이 다양하게 나돌기 시작한 것은 교회가 세속화된 때부터인 것이 틀림없다.

제**11**장
관용구(慣用句) 진단

제11장 관용구(慣用句) 진단

교회 내에서 사용하고 있는 관용구들 가운데도 바로잡아야 할 것들이 있다. 잘못된 관용구들 가운데는 단순한 무식에서 온 것도 있고 유식해 보이려 하는 무식한 사람들에게서 온 것도 있다. 또 맥없이 생긴 것도 있다. 잘못 쓰는 관용구는 시정하는 것이 좋을 듯하다. 여기서 몇 가지만 지적해 본다.

I. "소천"(召天) 진단

'소천'이라는 이 단어는 신문에 실린 부고에 자주 나타난다. 영어의 유래는 확실하지 않다. 그러나 어떤 목사가 '돌아가셨다'라는 말을 유식하게 표현하는 뜻에서 어쩌다 쓰기 시작한 것이 유행이 되어 내려온 것 같다. 그러나 이것은 유식한 단어가 아니라 무식한 단어다. 이것이 관용어가 되어 언젠가 이 무식한 단어가 국어사전에까지 실리게 되면 국어학계가 큰 수치를 당하게 될 것이다.

현행되고 있는 대로 이 말은 저명인사나 개인의 존속(尊屬)이 별세했다는 사실을 높여서 알리는 데 쓰인다. 누가 되었든 남의 죽음을 높여서 하는 말이니 탓할 필요는 없다. 필자 역시 세상을 떠난 분들의 별세를 할 수 있는 한 높여서 말하고 싶다. 그러나 이 용어가 한국계 기독교인들 가운데서만 쓰이고, 어느 정도 기독교를 대표하고 있는 목사들의 교양 문제로 연결되기 때문에 목사 중 하나인 필자로서는 참다못해 조심스럽게 말문을 열어 보는 것이다.

소천이라는 말은 한문을 공용(共用)하고 있는 동양삼국(東洋三國)의 언어가 아니다. 이 단어는 중국말에도 없고 일본말에도 없고 우리말에도 없다. 누구라고 밝혀져 있지 않지만 명심보감(明心寶鑑) 한 권 제대로 떼지 못한 어느 한국기독교 지도자가 유식한 척하고 잘못 사용한 말을 그 추종자들이 유식한 말로 잘못 알고 받아들여 사용해 온 것이 분명하다. 부끄러운 일이다. 이런 일은 한글학자들 앞에서, 중국인들 앞에서, 심지어 일본인들 앞에서까지 부끄러운 일이다.

분명히 말하거니와 소(召)자는 부를 '소'자다. '소집한다' 또는 '소환한다'라고 할 때 쓰이는 이 글자는 타동사(他動詞)다. 타동사에는 그것이 지배하는 목적어(目的語)가 반드시 따른다. 소천(召天)의 경우, 천(天)이 목적어가 된다. 그러므로 소천이라는 말은 '하늘을 부른다' 또는 '하나님을 부른다'라는 뜻이 된다. 즉, 죽은 자가 하늘이나 하나님을 부른다는 말이다. 이 '소'자의 품사를 모르는 사람들은 그 말을 죽은 자가 '하늘의 부름을 받았

다' 또는 '하나님의 부르심을 받았다'라는 뜻으로 사용하고 있을
것이다. 그 유식한 목사들은 그렇게 교인들을 가르치고 있는 것
이다. 그들이 그런 자세로 성경까지 가르칠 수 있다고 생각하니
웃음이 난다.

제발 우리 목사들은 함부로 남의 흉내 내지 말자. 소천이라는
말 외에도 고인의 별세를 묘사하는 아름다운 우리말이 얼마든지
있지 않은가? "우리 아버지께서 하나님의 부르심을 받아 세상을
떠나셨습니다"라든지 "우리 어머니께서 하나님 곁에 가셨습니
다"라든지 "우리 목사님께서 천당에 들어가셨습니다"라는 말이
얼마나 좋은가? 어린아이들도 알아들을 수 있는 아름다운 말이
아닌가? 이런 용어를 사용해도 목사가 무식하다는 말은 듣지 않
을 것이다. 오히려 그렇게 하는 것이 어설프게 유식해 보이는 것
보다는 훨씬 나을 것이다.

Ⅱ. "전지전능(全知全能)하시고 무소부재(無所不在)하신 하나님" 진단

물론 우리는 이 관용구의 뜻을 잘 알고 있다. "모든 것을 하시
고 모든 것에 능하시며 안 계신 곳이 없는 하나님"이라는 뜻이다.
이 관용구는 두 가지 면에서 사용을 삼가야 한다.

1. 전능(全能)이라는 말을 남용해서는 안 된다. 하나님의 능력은 전능하시지만 아무것에나 능하시는 분은 아니다. 하나님께서 악을 행하시는 데 능할 수는 없으시다.

그뿐만 아니라 하나님은 아무 데나 무소부재(無所不在)하지는 않으신다. 거룩하신 하나님께서 더러운 곳에는 있지 않으신다. 그래서 무소부재라는 문구도 극히 삼가야 한다. 하나님은 마귀와 동석하고 있는 사람과 자리를 함께하지 않으신다. '거룩하다'는 단어 자체가 '분리되어 있다'라는 뜻을 갖고 있다. 하나님은 악에서 멀리 떠나 계신다.

2. 생활에서 무능(無能)하게 보여주면서 전능(全能)하신 하나님이라고 부르지 말라. 전능(全能)하신 하나님이라면 그리스도인의 가정 싸움도 말리셔야 하지 않겠는가? 전능하신 하나님이라면 목사들 간의 싸움도 말려 주셔야 하고 교단 총회석상에서 피우는 소란도 막아 주셔야 하지 않겠는가? 가정 하나 제대로 다스리지 못하는 가장은 무능한 것 아닌가? 교단의 주인이 하나님이시라면 그것 하나 다스리지 못하시는 하나님이 무능해 보이지 않겠는가? 교단 싸움 하나 말리지 못하시는 하나님이 어찌 전능하시다는 말인가?

그러므로 전지전능하신 하나님을 모신 교회나 교파라면 싸우지 말아야 하고 교단 싸움 하나 말리지 못하시는 하나님이라면 전능하신 하나님이라고 부르지 말아야 한다. 전능하신 하나님을 무능하신 하나님으로 만들지 말아야 한다. 생활에서는 무능하신 하나님을 보여주면서 닳고 닳은 말버릇으로는 전능하신 하나님이라고 하니 그런 하나님을 누가 믿겠는가? 주장과 생활이 일치하지 않는 하나님의 백성들 때문에 하나님의 이름이 이방인들 가운데서 모독을 받고 있다(롬 2:24).

Ⅲ. "하늘의 귀한 것과 땅의 기름진 것" 진단

출처가 불분명한 교회 용어가 또 하나 있다. 그것은 "하늘의 귀한 것과 땅의 기름진 것으로 축복해 달라"는 기도다. 이것이 목사 입에서 먼저 나오고 그것이 강단에서 대중기도를 인도하는 사람들에게 전염된 것 같다. 이런 축복 기도는 한때 무당이 굿하듯이 주절대고 돌아다니던 돌팔이 부흥사들이 하던 기도 버릇이다. 요즈음에도 이런 기도가 대중기도 인도자의 입에서 습관적으로 튀어나온다.

하늘에 귀한 것은 하늘에서 필요한 것이니 땅에 있는 동안 구할 필요가 없다. 또 "땅의 기름진 것"은 몸에 해로운 것이니 쓸데없이 구하는 것이다. 지금은 몸에서 기름을 빼는 때인데 기름진 것을 구하는 것은 한갓 입버릇일 뿐이다. 그런데 습관적으로 "하늘의 귀한 것과 땅의 기름진 것으로 축복해 달라"는 기도가 목사들의 입에서 술술 나오고 집사들도 목사를 본받아 그렇게 흉내를 낸다. 이런 입놀림은 빨리 없어져야 한다.

Ⅳ. "감사하신 하나님" 진단

한국교회 예배 때에 대표기도 인도자가 하나님을 부르면서 종종 "감사하신 하나님"이라는 표현을 쓴다. 이 말은 "하나님께서 우리에게 감사하신다"라는 의미이다. 우리가 하나님께 감사한다면 "감사하신"이라는 표현은 쓰지 말아야 한다.

그렇게 하나님을 부르면서 기도를 시작하지 말고 "하나님 아버지, 감사합니다"라든지 "고마우신 하나님 아버지"라고 하는 것이 좋을 것이다. 물론 하나님께서 우리의 서투른 표현을 꼭 탓하진 않으시겠지만 사람의 귀에 거슬리는 언사를 기도 벽두에 사용하는 것은 전혀 바람직하지 않다.

Ⅴ. 하나님을 "당신"이라고 부르는 관습 진단

하나님을 제3자로 지칭할 때에 쓰는 '당신'은 존칭어가 되지만 직접 대화 상대로 대면하면서 쓰는 "당신"이라는 표현은 존칭어가 아니다. 기도는 하나님과의 직접 대화다. 그러므로 하나님께 기도하면서 하나님을 "당신"이라고 부르는 것은 결례가 되는 말씨다. 그것은 마치 자식이 아버지와 마주 앉아 대화하면서 아버지에게 "당신" 운운하는 것과 다를 바가 없다.

기도할 때에 하나님을 존칭어로 불러 드리는 좋은 방법이 있다. 사람들이 왜 그 칭호를 부르지 않는지 모르겠다. 그것은 '아버지'라는 칭호다. 이 칭호는 존칭어도 되고 친밀감도 있고 예수님께서 제자들에게 가르쳐 주신 칭호이기도 하다. "하늘에 계신 우리 아버지여!"(마 6:9). '아버지'라는 칭호는 아무리 많이 반복해도 싫지 않다. 그것은 죄인이었던 우리가 하나님의 자녀라는 칭호를 받게 된 것이 너무도 감격스럽기 때문이다. 사도 요한은 말했다. "보라 아버지께서 어떠한 사랑을 우리에게 주사 하나님의 자녀라 일컬음을 얻게 하셨는고, 우리가 그러하도다"(요일 3:1). 하나님의 자녀가 된 것이 감격스럽다면 그 하나님을 "아버지"라고 부르는 것이 어찌 감격스럽지 아니하겠는가?

제12장
결론

제12장 결론

이 책은 영적의서(靈的醫書)인 성서를 토대로 한국정통교회가 성서에서 이탈하여 생긴 영적인 병 몇 가지만을 다룬 간단한 진단서다. 한국교회 전반에 걸친 진단서는 아니다. 필자는 한국교회를 파멸로 이끌고 가는 중요한 병만을 진단했다. 그리고 이 진단서는 환자 듣기 좋으라고 적지 않고, 있는 병 그대로를 성경을 토대로 지적했다. 물론 같은 증상이라도 의사의 소견에 따라 진단이 달리 나올 수도 있다. 심지어 필자가 내린 한국교회 진단이 오진일 수도 있다. 따라서 한국교회에 대한 더 바른 진단이 나올 수가 있다면 필자는 그런 진단을 환영한다.

필자는 반성하면서 시편 130편 3-4절을 수없이 명상했다.

> 여호와여 주께서 죄악을 감찰하실진대 주여 누가 서리이까 그러나 사유하심이 주께 있음은 주를 경외케 하심이니이다.

필자를 포함해서 한국 주류 정통교회 지도자들은 다 성경을 온전하게 지키지 못한 죄인들이다. 우리는 네 탓 내 탓 하지 말고 하나님 앞에서 회개하고 용서를 구해야 할 것이다.

또한 왕년의 미국 신학자 '라인홀드 니버'(Karl Paul Reinhold Niebuhr) 교수의 기도문도 되새겨 보았다.

하나님, 고칠 수 없는 것들은 조용히 받아들이는 은혜와 고칠 수 있는 것들은 고치는 용기와 이 둘을 식별하는 지혜를 제게 주소서.

우리의 과거는 고칠 수 없다. 역사에 있는 그대로 받아들여야 한다. 아무리 잘못되었고 부끄러워도 우리의 과거가 다른 사람의 과거가 될 수는 없다. 그러므로 우리의 과거 잘못을 조용히 받아들여야 한다. 우리 한국교회들이 성서에서 이탈하여 잘못 나갔던 것은 고칠 수 없는 우리의 과거다. 누구에게도 핑계하지 말고 받아들여야 한다.

하지만 우리의 잘못된 과거가 우리 자손들에게 전승되어 가는 것은 우리가 노력하면 막을 수 있다. 우리가 잘못 걸어온 것을 우리 당대에 고치고 후대에는 그 잘못을 넘겨주지 말아야 한다. 잘못을 고치는 데는 용기가 필요하다. 성서로 돌아가는 운동에는 용기가 필요하다. 희생도 필요하다.

죽은 사람에게는 진단이 필요 없다. 병이 들어도 아직 살아 있는 사람에게는 진단서가 필요하다. 그리고 진단 결과 치유가 불가능한 사람에게는 처방이 필요 없다. 진단과 처방은 치유가 가능한 사람에게 유효한 것이다. 한국정통교회가 다 죽었다면 진단도 처방도 필요 없을 것이나 우리 한국교회가 위중한 영적 병에는 걸려 있지만 아직 죽지는 않았기에, 치유는 가능하다. 이에 본서가 진단해서 밝혀낸 한국교회의 영적인 병을 간단히 정리하고 이에 대한 처방을 내려 보기로 한다.

I. 한국정통교회 진단 정리

1. 한국정통교회 노선이 성서에서 이탈하여 있다는 점을 지적했다. 좋은 동기에서 일시적으로 그랬을지라도 교회가 성서에서 이탈한 다음에 즉시 뉘우치고 성서로 돌아갔더라면 한국교회는 건전한 성서적인 교회로 남았을 것이다.

그러나 성경의 가르침보다 사람들의 주장을 앞세운 신앙 노선이 선례가 되고 선례가 전통이 되고 전통이 정통이 되어 성서 위에 올라서게 되었다. 지금은 한국정통교회가 성서로 돌아갈 노력을 하지 않고 성서에서 이탈된 정통을 수호하는 데 힘을 기울이고 있다.

2. 한국정통교회가 성서에서 이탈한 통로는 편법과 정교유착 (政敎癒着)과 세속주의라는 점을 본서는 밝혀냈다. 성경이 아닌 출처가 불명한 디다케(διδαχη)의 가르침을 따라 침례를 세례로 바

꾼 편법과 콘스탄틴(Constantine)대제 때부터 시작된 정교유착과 잘 먹고 잘 사는 세상이 되자 교회가 예수님 따르는 것을 그치고 세상과 짝하는 세속주의가 바로 그것이다. 이 세 가지는 한국교회 모든 분야에 연결되어 있다. 교회를 성서에서 이탈시킨 이 세 가지 통로를 차단할 쉬운 길은 없다.

3. 성서에서 이탈한 이 한국정통교회의 귀착점은 어딘가? 그것은 예수님께서 원하시고 기다리시는 곳이 아니다. 한국교회는 이미 하비 콕스(Harvey Cox) 교수가 소개한 세속교회(세속의 도시)와 조셉 홀렛처(Joseph Fletcher) 교수가 주장한 상황 윤리를 이론적으로는 받아들였다. 이제 남은 것은 동성결혼제도(同性結婚制度)와 인수동거(人獸同居)와 다신숭배(多神崇拜)를 합법화하는 것이다. 하나님과 성서를 짓밟는 동성결혼은   미국 장로교를 비롯한 상당수의 굵은 교파들이 이미 합법화시켰다. 이것이 한국에서 머리를 들 날도 그리 멀지 않아 보인다.

Ⅱ. 한국정통교회가 살아날 수 있는 영적 처방은 무엇인가?

그것은 회개하고 성서로 돌아가는 것이다. 한국교회는 정통주의자들이 잘못 나가고 있어도 이들에 동조하지 않는 그리스도인들을 이단으로 몰아 타도하기에 급급하면서 정통파 자신들이 성서에서 이탈한 것은 고칠 생각을 하지 않고 있다. 그들은 예수님을 이단으로 몰아 죽인 유대교와 많이 닮았다(행 24:14). 성서에서 어긋난 정통을 고수하는 것은 성서로 돌아오지 않겠다는 고집인데 이것이 문제다.

성서에서 이탈한 이런 정통주의를 꺾지는 못할지라도 한국교회는 살아야 한다. 한국에는 잘못 나간 정통교회들만 존재하는 게 아니라 많은 하나님의 교회가 있다. 바알에게 절하지 아니한 사람 7,000명이 어딘가에 살아 있다. 하나님의 살아 계시고 하나님의 말씀도 살아 있다. 이런 전제하에 한국교회들이 성서로 돌아와서 살 수 있는 몇 가지를 처방해 본다.

1. 한국교회가 다시 살아나는 길은 성경대로 살아가는 작은 교회 목사들에게 있다. 그들에게 순수한 복음이 살아 있다. 예수님께서 말씀하셨다. "적은 무리여 두려워 말라 너희 아버지께서 그 나라를 너희에게 주시기를 기뻐하시느니라"(눅 12:32). "두세 사람이 내 이름으로 모이는 곳에는 나도 그 가운데 있느니라"(마18:20). "그러나 인자가 올 때에 땅에서 믿음을 보겠느냐?"(눅 18:8). 예수님의 말씀은 아직도 살아 있다.

한국교회를 성경적인 교회로 복원할 수 있는 사람들은 돈 많고 세력 있는 대형교회 목사들이 아니라 집 한 칸 없는 가난한 목사들이다. 하나님의 양들을 현대판 바리새인들의 멍에에서 구출해 낼 수 있는 사람들은 작은 교회 목사들이다. 하우스 처치(House-Church) 시대로 돌아가야 한다.

2. 한국의 신학교들이 성경으로 돌아가는 진로를 가르쳐야 한다. 특히 석좌 교수들이 발 벗고 나서야 한다. 왜냐하면 그들은 비교적 보직이 안정되어 있기 때문에 할 말을 할 수 있는 위치에 있기 때문이다. 그리고 그들은 성경을 익히 알고 그 말에 권위가 서 있기 때문이다. 너무 늦기 전에 신학교들은 성경을 사모하는 졸업생들을 배출해야 한다. 구약의 모르드개가 에스더에게 한 말이 생각난다.

이 때에 네가 만일 잠잠하여 말이 없으면 유다인은 다른 데로 말미암아 놓임과 구원을 얻으려니와 너와 네 아비 집은 멸망하리라 네가 왕후의 위를 얻은 것이 이 때를 위함이 아닌지 누가 아느냐(에스더 4:14).

이때에 한국의 신학교 석좌 교수들이 안일한 은퇴만을 생각하고 잠잠하면 한국교회의 앞날은 밝지 못하다.

3. 한국교회를 성서적인 교회로 만드는 데 있어서 가장 중요한 것은 목사들의 옳은 목회관이다. 옳은 목회관은 곧 옳은 직업관에서 나온다. 옳은 직업관은 예수님의 직업관과 베드로 일행의 직업관과 바울 사도의 직업관에서 나와야 한다.

예수님은 목수이셨다. 그나마 인물이 나지 않는 곳으로 알려진 나사렛의 목수이셨다. 베드로 일행은 어부들이었다. 바울 사도는 한때 천막을 만들어 선교 비용을 조달하기도 했다. 죄 짓는 일이 아닌 이상 노동은 신성한 것이다.

개척교회 목사나 작은 교회 담임목사의 사모들이 직장을 갖는 것이나 부득이한 때에 목사 자신이 생활비를 버는 것은 전혀 잘못이 없다. 체면을 지키기 위해 냉수 마시고 트림하는 자세는 버려야 한다. 생활비를 벌어 쓰면서 바른 말을 할 수 있는 목사들이라야 성경적인 목회를 할 수 있다. 이런 목사들이 많이 나와야 한국교회를 바로잡을 수 있다.

III. 한국교회가 성서로 돌아오지 않는 결과는 무엇인가?

성서에서 어긋난 일들을 감행하는 한, 한국에 정통교회는 없다. 성서에서 이탈한 정통교회는 없다. 침례 대신 세례를 고집하는 한, 한국에 정통교회는 없다. 교회가 정권과 유착되어 있는 한,

한국에 정통교회는 없다. 성서에 없는 직분들을 세우는 한, 한국에 정통교회는 없다. 세속화의 노선에서 돌아서지 않는 한, 한국에 정통교회는 없다. 지금의 한국교회들에 대하여 목사들이 수수방관하고 있으면 크게 두 가지 결과가 나타날 것이다.

1. 대형교회들을 비롯한 한국의 정통교회들은 돌이킬 수 없는 선을 넘어 파멸로 떨어질 것이다. 그런 파멸은 갑자기 오지 않는다. 점진적으로 온다. 우선 한국교회 주류가 종교다원주의로 전락하여 종교 통합이 올 것이요 그 다음에는 기독교가 영력을 잃고 기독교 문화로 전락할 것이요 그 다음에는 거대한 예배당들이 문화 유적으로 남아 후대의 관광지가 될 것이다.

이런 때가 얼마나 빨리 오느냐는 아무도 단언할 수 없으나 한국기독교가 그런 추세에 있는 것은 부인하기 힘들다. 서부 유럽과 러시아에 있는 교회 유적들이 이것을 보여주고 있지 않은가? 이런 교회들은 다 전성기의 영력을 잃었다. 하나님께서 그런 교회를 떠나셨던 것이다. 누가 이것을 원하겠는가? 그러나 성서로 돌아오기를 싫어하는 교회는 그렇게 된다. 이것은 엄연한 역사적 교훈이다.

2. 성서적인 기독교 그루터기는 한국에도 남아 있어 예수님의

재림을 맞을 것이다. 예수님의 교회는 음부의 권세가 이기지 못한다(마 16:18). 순수한 교회는 항상 비주류의 흐름 속에 보존되어 왔다. 그런 교회는 순교자의 피밭에서 나서 핍박 중에 유지되어 왔다. 한국에서도 예수님의 교회는 없어지지 않는다. 예수님의 교회는 비주류 소수 그리스도인들의 활동 가운데 보존되어 왔고 앞으로도 그렇게 이어질 것이다.

후 기

후 기

필자는 85세에 이 책을 썼다. 성서로 돌아가자는 필자의 간곡한 호소에는 타의가 없다. 한국교회의 주류가 성서에서 이탈하고 있다는 사실을 말한 것뿐이다. 그러나 편집 후에 살펴보니 필자의 부족한 표현력 때문에 책이 본의 아니게 어떤 독자들의 심기를 자극할 수도 있다는 생각이 들었다.

그러나 그런 것은 전혀 필자의 의도한 바가 아니다. 필자에게는 어떤 개인이나 단체나 교파에게 결례를 범하려는 의도도 없다. 한국교회를 사심 없이 진단해 보려 했던 것이 필자의 순수한 의도다. 이 진단 내용에는 고명하신 분들과 필자의 막역한 친구들의 경우도 포함되어 있다. 그런 분들에게 필자는 변함없는 우정과 존경을 다짐하는 바이다.

편집 후에 살펴보니 이 책이 취급했어야 할 내용이 많이 빠져 있는 것을 발견했다. 따라서 필자는 이 책이 그 제호를 온전히 다루지 못했다는 것을 늦게나마 시인한다. 필자가 이 책을 통하여 해 놓은 것은 한국교회가 안고 있는 태산 같은 문제의 일각을 발파(發破)한 정도밖에 되지 않으니 그 과제를 고명하신 분들이 후속으로 계속 다루어야 할 것이다.

끝으로, 필자에게 이 책을 내도록 독려해 준 옛 제자들과 교파를 초월한 여러 믿음의 동지들과 필자에게 고견을 아끼지 않으신 여러 출판계 제현들에게 깊은 감사를 드리고 싶다. 옆에서 필자를 내조해 준 가인의 희생도 이 책에 스며 있음을 밝혀 둔다

2014년 8월 1일
캘리포니아 산 호세(California San Jose)에서
필자 조효훈

참고 문헌

Norman H. Snaith, *The Jews from Cyrus to Herod* (Surrey, Canada: 1949), p.158-159.

Schaff Philip, *History of The Christian Church* 8 vols (Grand Rapids, Michigan: Wm. B. Eerdmans Publishing Co.,1953).

The Creeds of Christendom, with a History and Critical Notes 3 Vols, Second ed. (Grand Rapids, Michigan: Baker Book House, 1969).

Latourette Kenneth S. *A History of Christianity* (New York: Harper&Row, 1953).

Paik L. George(백낙준), *The History of Protestant Missions in Korea, 1832-1910* (Pyeng Yang, Korea: Union Christian College Press, 1929).

Calvin John, *Institutes of the Christian Religion* Book IV (영문 번역판) (Philadelphia: Presbyterian Board of Education, 연도 미상).

Fenwick Malcolm C. *The Church of Christ in Corea* (New York: George H. Doran Co., 1911).

Snaith Norman H. *The Jews from Cyrus to Herod* (London: Wyman and Sons, 1949).

Agnus S. *The Environment of Early Christianity* (New York: Charles Scribner's Sons, 1951).

Bettenson Henry, *Documents of the Christian Church*, Second ed. (London: Oxford University Press, 1963).

Wallis Charles L., *Worship Resources for Special Days* (Grand Rapids, Michigan: Baker Book House, 1954).

Easton Burton Scott Trans, *The Apostolic Tradition of Hippolytus* (Cambridge University Press, 1962).

이병도(李丙燾), 《韓國史大觀》 修補版 (서울: 普文閣, 1969).

한국교회 진단서

초판 1쇄 발행 2014년 12월 5일

지은이 조효훈
펴낸곳 일상과 초월
등록 제107-91-54386호
주소 서울특별시 영등포구 양산로 90-1, 3층
전화 070-8749-2114

ISBN 979-11-950082-1-6
값 7,000원